基础会计
模拟实训教程

张怀湘 著

ACCOUNTING

BASIC

经济管理出版社
ECONOMY & MANAGEMENT PUBLISHING HOUSE

图书在版编目（CIP）数据

基础会计模拟实训教程/张怀湘著．—北京：经济管理出版社，2014.7
ISBN 978-7-5096-3142-3

Ⅰ.①基…　Ⅱ.①张…　Ⅲ.①会计学-中等专业学校-教材　Ⅳ.①F230

中国版本图书馆 CIP 数据核字（2014）第 106105 号

组稿编辑：魏晨红
责任编辑：魏晨红
责任印制：黄章平
责任校对：陈　颖

出版发行：经济管理出版社
　　　　　（北京市海淀区北蜂窝 8 号中雅大厦 A 座 11 层　100038）
网　　址：www.E-mp.com.cn
电　　话：（010）51915602
印　　刷：三河市延风印装厂
经　　销：新华书店
开　　本：787mm×1092mm/16
印　　张：18.25
字　　数：358 千字
版　　次：2014 年 7 月第 1 版　2014 年 7 月第 1 次印刷
书　　号：ISBN 978-7-5096-3142-3
定　　价：38.00 元

前 言

一、实训的目的与要求

《基础会计》是会计专业的基础课，会计专业是针对性、操作性和规范性很强的专业，仅学习会计理论，不进行实际操作，等于纸上谈兵。为了满足社会对应用型会计人才的需要，培养学生的实际操作能力，我校开设了《基础会计模拟实训》课程，学生不出校门就能掌握会计凭证的填制、审核、建账、记账、更正错账、凭证装订、科目汇总表、银行存款余额调节表和会计报表的编制等技能和方法，通过经济业务实例的训练，为后续课程的学习和毕业后上岗工作奠定了良好的基础。

通过实训和操作，使学生对企业会计核算的全过程有比较系统、完整的感性认识，并对所学会计核算的基本理论知识有较深的理解，从而达到将会计基本理论与实际操作方法融会贯通的目的。

二、基本原理与实训方式

《基础会计模拟实训教程》采取手工会计操作的形式，在能够进行手工操作的模拟实训室或教室进行，明确要求在实训规范的基础上，根据科目汇总表账务处理程序，由学生独立完成从填制原始凭证到编制会计报表等各个核算环节的全部模拟实训内容，并完成对会计档案的整理装订。

三、实训教学内容

模　块	内　容
实训一	账户余额与发生额的关系
实训二	账户与复式记账
实训三	原始凭证的填制与审核
实训四	记账凭证的填制与审核

续表

模　块	内　容
实训五	会计账簿的设置与登记
实训六	总分类账与明细分类账的平行登记
实训七	科目汇总表的编制
实训八	登记总分类账
实训九	更正错账
实训十	编制银行存款余额调节表
实训十一	编制会计报表
实训十二	会计档案的整理与保管

　　本书既可作为中等职业学校财经类专业的基础实训教材，也可以作为在职人员的培训教材。

　　本书在编写过程中得到了校企合作企业的大力支持和指导，在此表示衷心的感谢！

　　由于编写水平有限，错误之处在所难免，敬请读者批评指正。

张怀湘
2014 年 5 月

目 录

实训一

账户余额与发生额的关系

实训目的

掌握账户余额与发生额之间的关系。

实训资料

某企业的账户部分数据如表 1-1 所示。

表 1-1　企业账户部分数据

单位：元

账户名称	期初余额	本期借方发生额合计	本期贷方发生额合计	期末余额
短期借款	50000	40000	0	
库存现金	15000		18000	12000
应收账款	4000	2000		3000
应付账款		1200	1800	1600
实收资本	50000	0		80000
银行存款	24000	42000		16000
其他应付款	1200	2400	3600	
固定资产	980000		60000	1350000
库存商品	250000		640000	180000

实训要求

根据账户结构和期末余额的计算公式，计算表 1-1 空格中的数字，并将计算结果填入空格。

实训二
账户与复式记账

实训目的

掌握借贷记账法的运用，"T"形账的登记及试算平衡表的编制。

实训资料

诚信有限公司 2013 年 1 月初各资产、负债及所有者权益账户的余额如表 1-2 所示。

表 1-2　诚信有限公司全部账户期初余额

单位：元

资　产	金　额	负债和所有者权益	金　额
库存现金	20000	短期借款	600000
银行存款	1350000	应付账款	80000
应收账款	300000	应交税费	30000
原材料	1490000	实收资本	8700000
库存商品	250000		
固定资产	6000000		
合　计	9410000	合　计	9410000

诚信公司 2013 年 1 月发生的业务如下：

业　务	分　录
(1) 2 日，向银行借入短期借款 150000 元，存入银行存款户	
(2) 3 日，收到投资者投入资本 80000 元，款项存入银行	
(3) 6 日，从 A 公司购入甲材料，价款 50000 元，增值税 8500 元，材料已验收入库，货款用银行存款支付	
(4) 7 日，从 B 公司购入乙材料 10000 元，增值税 1700 元，材料已验收入库，货款尚未支付	
(5) 8 日，经理张明出差预借差旅费 1200 元，以现金支付	
(6) 8 日，以银行存款购入新汽车一辆，价款共 150000 元	
(7) 9 日，用银行存款偿还应付供货单位材料款 32000 元	
(8) 9 日，用银行存款偿还应付 B 公司的材料款 11700 元	
(9) 11 日，以银行存款 200000 元归还已到期的 4 个月借款	
(10) 21 日，将现金 2000 元存入银行	
(11) 22 日，向银行借入偿还期为 2 年的借款 100000 元，存入银行	
(12) 20 日，经理张明出差归来，报销差旅费 1000 元，交回现金 200 元	

实训要求

1. 根据 1 月份发生的经济业务，用借贷记账法编制会计分录。

2. 用"T"形账开设各账户，登记期初余额、本期发生额，计算出期末余额，并编制"试算平衡表"，如表 1-3 所示。

表1-3 总分类账户试算平衡表

账户名称	期初余额		本期发生额		期末余额	
	借方	贷方	借方	贷方	借方	贷方
合 计						

3. 根据期初余额与所编制的会计分录，开设并登记"T"形账户，结出本期发生额及期末余额。

实训三

原始凭证的填制与审核

实训目的

掌握原始凭证的填制方法。

实训资料

（一）企业概况

1. 企业基本情况如表 1-4 所示。

表 1-4　企业基本情况

企业名称	肇庆市诚信有限公司（一般纳税人）
企业类型	有限责任公司
法人代表	刘刚
行政办公室主任	李伟
供应部科长	胡亚荣
生产计划部科长	莫锋
领料人	周萍
仓管员	马荣
会计主管	张路
会　计	欧丽

出纳员	陈珊，身份证号码：442827198811261238，发证机关：肇庆市公安分局
复　核	谢雨
住址、邮编	肇庆市端州一路1号，邮编526060
电　话	0758—2779720
纳税人识别码	441201693481763
主管税务机关	肇庆市国家税务局、肇庆市地方税务局
开户银行、账号	中国建设银行端州支行　账号：3105235678123002579

2. 经营范围及产品：主营挂面食品生产。主要产品：挂面。

3. 生产组织：设一个基本生产车间生产产品"挂面"。

4. 挂面生产工艺流程。

挂面生产分为和面、熟化、压片、切条、干燥、切断、包装等工序，具体流程：原辅料预处理→和面→熟化→压片→切条→湿切面→干燥→切断→计量→包装→检验→成品挂面。全部在挂面车间完成。

工艺流程如图1-1所示。

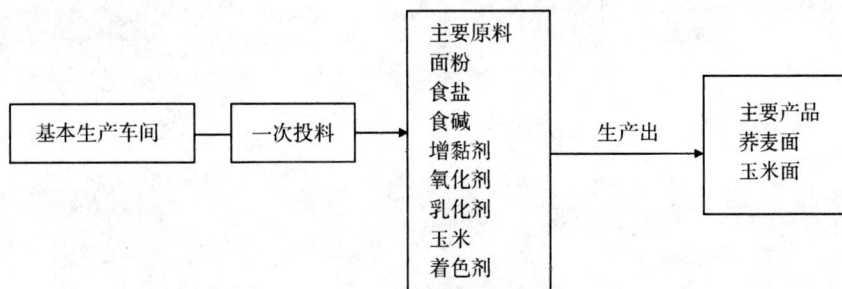

图1-1　挂面生产工艺流程

（二）实训印章、证照

1. 预留银行印章。

中国建设银行印鉴卡

账号	3105235678123002579		户名	肇庆市诚信有限公司
地址	肇庆市端州一路1号		联系电话	0758-2779720
预留印鉴式样	肇庆市诚信有限公司财务专用章	刘刚印	使用说明	
			启用日期 2008 年 2 月 1 日	
			注销日期　　年　月　日	

网点经办：刘瑞　　　　网点复核：李冬

2. 发票专用章。

3. 银行业务章。

中国建设银行股份有限公司
肇庆市端州支行

2013.　.

办讫章

4. 出纳、会计主管、会计私章。

陈珊　　　　张路　　　　欧丽

5. 有关的证照。

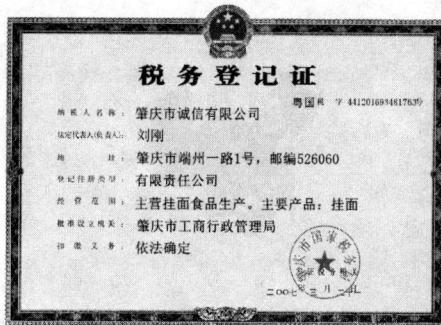

（三）期初资料

2013 年 3 月初有关账户余额如下：

单位：元

账户名称	明细账户	借方余额	贷方余额
库存现金		6500.00	
银行存款	中国建设银行	6456178.00	
应收账款	广宁县龙腾有限公司	257000.00	
在途物资	梧州市飞燕有限公司	60800.00	
原材料		39320.00	
	面粉	数量2000千克，单价：3.1元/千克，金额6200	
	乳化剂	数量500千克，单价：7.8元/千克，金额3900	
	食盐	数量900千克，单价：1.7元/千克，金额1530	
	食碱	数量800千克，单价：2.6元/千克，金额2080	
	增黏剂	数量100千克，单价：26元/千克，金额2600	
	氧化剂	数量50千克，单价：182元/千克，金额9100	
	着色剂	数量650千克，单价：21元/千克，金额13650	
	玉米	数量100千克，单价：2.6元/千克，金额260	

续表

账户名称	明细账户	借方余额	贷方余额
库存商品		140158.00	
	荞麦面	数量：22900袋，单价：3.8593，金额：88378	
	玉米面	数量：14500袋，单价：3.5710，金额：51780	
生产成本		138158.00	
	荞麦面	直接材料：64578.00 直接人工：16000.00 制造费用：6800.00 合计：87378.00	
	玉米面	直接材料：34580.00 直接人工：12000.00 制造费用：4200.00 合计：50780.00	
固定资产		800400.00	
累计折旧			340000.00
短期借款			500000.00
应付账款			203184.58
	湛江市东方有限公司		85529.00
	云浮市宏达有限公司		117655.58
应交税费			58861.00
	未交增值税		53510.00
	应交城建税		3745.70
	应交教育费附加		1605.30
应付职工薪酬			444860.00
	工资		317260.00
	社会保险费		127600.00
应付利息			37500.00
实收资本			3000000.00
资本公积			460000.00
盈余公积			200000.00
本年利润			2377072.42
利润分配	未分配利润		277036.00

（四）本月发生的业务

2013年3月份发生的部分经济业务如下，要求填制有关原始凭证：

1. 2日，办公室人员王军因到广州参加会议预借差旅费2000元，以现金支付。填制"现金支出单"、"借款单"。

现金支出凭单

附单据　张　　　　　　　　年　月　日　　　　　　第　号

兹　因：_____ _____ 人民币（大写）_____　¥_____	领导审批： 备注： 现金付讫

经手人：　　　　证明人：　　　　收款人：　　　　审核人：

NO1　　　　　　　　　　　　**借　款　单**

年　月　日　　　　　　　　　　第　号

借款部门		借款人	
借款金额	人民币（大写）		
借款事由			
领导审批	会计主管		借款人签章

2. 4 日，因零星开支需要，从银行提取 3500 元现金备用，填制"支票"。

中国建设银行 支票存根（粤）	本支票付款期限十天	中国建设银行	支票	（粤）	EC 2834663789

中国建设银行
China Construction Bank

中国建设银行
支票存根（粤）

EC 2834663789

附加信息＿＿＿＿＿
＿＿＿＿＿＿＿＿＿
＿＿＿＿＿＿＿＿＿
＿＿＿＿＿＿＿＿＿

出票日期 年 月 日

收款人：
金　额：
用　途：

单位主管　会计

本支票付款期限十天

中国建设银行 支票 （粤） EC 2834663789

出票日期（大写） 年 月 日　付款行名称：中国建设银行端州支行
收款人：　　　　　　　　　出票人账号：3105235678123002579

人民币 （大写）		亿	千	百	十	万	千	百	十	元	角	分

用途＿＿＿＿＿＿＿

密码	
行号	278987

上列款项请从
我账户内支付
出票人签章

肇庆市诚信
有限公司
财务专用章

刘刚
印

复核　　　记账

（支票背面）

附加信息：	被背书人	（贴粘单处）
	背书人签章	
	年 月 日	
身份证件名称：　　　　　发证机关：		
号　码 □□□□□□□□□□□□□□□□□□		

3. 6 日，从银行取得为期 5 个月、年利率 6% 的流动资金借款 100000 元，填制"借款单"。

中国建设银行借款凭证

日期：　年　月　日　　　　　　　　　凭证号码：1080235

借款人		账　号												
				千	百	十	万	千	百	十	元	角	分	
贷款金额	人民币（大写）													
用途		期　限	约定还款日期											
		月	贷款利率		借款合同号码			789564						
上列贷款已转入借款人指定的账户。		转讫 银行盖章			复核			记账						

中国建设银行股份有限公司
肇庆市端州支行
2013.03.06

4. 9 日，出纳员将当天的销售款 4070 元现金存入银行（其中面额 100 元的 30 张，面额 50 元的 20 张，面额 10 元的 7 张），填制银行"现金交款单"。

中国建设银行　现金交款单（回单联）　（2）

年　月　日

收款单位				款项来源											
账号				款项类别											
大写金额				亿	千	百	十	万	千	百	十	元	角	分	
券别	张数	金额	券别	张数	金额	券别	枚数	金额							
壹佰元			贰元			伍分										
伍拾元			壹元			贰分										
贰拾元			伍角			壹分										
拾元			贰角													
伍元			壹角													

复核
中国建设银行股份有限公司
肇庆市端州支行
出纳：
2013.03.09
银行盖章：收讫

5. 8 日，向四会市斯特有限公司销售玉米面 8000 袋，规格：500 克，不含税单价 5.8 元/袋；荞麦面 9500 袋，规格：500 克，不含税单价 5.6 元/袋，款未收（四会市斯特有限公司纳税人识别号：441226789451478，地址：四会市解放路 58 号，电话：0758-3654782，开户行及账号：中国工商银行四会支行　2812345709024878945），填制"增值税专用发票"。

广东增值税专用发票　　NO.06765687

44001111150

此联不作报销、扣税凭证使用　　　开票日期　　年　月　日

国家税务总局监制

购货单位	名　　称：					-37〈88/8**6+-〈2〉6〉927+296+/		加密版本:01
	纳税人识别号：				密码区	4478952036476〈600375〈35〉〈4/		37009931410
	地址、电话：					2-2〈2051+24+2618〈7**/04454123		
	开户行及账号：					/3-15〉〉09/5/-1〉37〉88〉8+2		01899838

货物或应税劳务名称	规格型号	单位	数　量	单价	金　额	税率	税　额
合　计							

价税合计（大写）		（小写）￥

销货单位	名　　称：		备注	
	纳税人识别号：			
	地址、电话：			
	开户行及账号：			

收款人：　　　复核：　　　开票人：　　　销货单位（章）

第一联：记账联　销货方记账凭证

·23·

6. 10 日，购进材料，验收入库，款未付，填"收料单"。

收 料 单（财会联）

供货单位：

发票编号：　　　　　　　　年　月　日　　　　　　　　　收料第 03001 号

材料类别	材料编号	材料名称	材料规格	计量单位	数　量	
					应收	实收

部门主管：　　　　　　　复核：　　　　　　　　　　　收料：

广 东 增 值 税 专 用 发 票 № 0723612358

全国统一发票监制章
国家税务总局监制

抵 扣 联

44001111151

开票日期 2013 年 03 月 11 日

购货单位	名　　称：肇庆市诚信有限公司 纳税人识别号：441201693481763 地址、电话：肇庆市端州一路 1 号 2779720 开户行及账号：中国建设银行端州支行 3105235678123002579	密码区	（略）

货物或应税劳务名称	规格型号	单位	数　量	单价	金　额	税率	税　额
面　粉	标准粉	千克	65000	3.2	208000.00	17%	35360.00
合　　计					￥208000.00		￥35360.00

价税合计（大写）	⊗贰拾肆万叁仟叁佰陆拾圆整	（小写）￥243360.00

销货单位	名　　称：肇庆市星安有限公司 纳税人识别号：44121611678945287 地址、电话：肇庆市信安大道 125 号 2788996 开户行及账号：中国工商银行端州支行 385269874566	备注	肇庆市星安有限公司 44121611678945287 发票专用章

收款人：李金　　　　复核：杜洪　　　　开票人：莫月　　　　销货单位（章）

第二联：抵扣联 购货方扣税凭证

广东增值税专用发票　　No 0723612358

发票联

44001111151　　　　　　　　　　　　　　开票日期 2013 年 03 月 11 日

购货单位	名　　称：肇庆市诚信有限公司 纳税人识别号：441201693481763 地址、电话：肇庆市端州一路 1 号　2779720 开户行及账号：中国建设银行端州支行 3105235678123002579					密码区	（略）		
货物或应税劳务名称	规格型号	单位	数　量	单价	金　额		税率		税　额
面　粉	标准粉	千克	65000	3.2	208000.00		17%		35360.00
合　　计					￥208000.00				￥35360.00
价税合计（大写）	⊗贰拾肆万叁仟叁佰陆拾圆整						（小写）　￥243360.00		
销货单位	名　　称：肇庆市星安有限公司 纳税人识别号：44121611678945287 地址、电话：肇庆市信安大道 125 号　2788996 开户行及账号：中国工商银行端州支行385269874566					备注			

收款人：李金　　　复核：杜洪　　　开票人：莫月　　　　销货单位（章）

7. 11 日，购入材料，验收入库，款未付，填制"收料单"。

<table>
<tr><td colspan="2" align="center">广东增值税专用发票</td><td>№ 0723612358</td></tr>
<tr><td>44001111151</td><td align="center">发票联</td><td>开票日期 2013 年 03 月 11 日</td></tr>
</table>

购货单位	名　　称：肇庆市诚信有限公司 纳税人识别号：441201693481763 地址、电话：肇庆市端州一路 1 号　2779720 开户行及账号：中国建设银行端州支行 3105235678123002579	密码区	（略）

货物或应税劳务名称	规格型号	单位	数量	单价	金　额	税率	税　额
食盐	京晶	千克	10000	1.6	16000.00	17%	2720.00
合　　计					￥16000.00		￥2720.00

价税合计（大写）	⊗壹万捌仟柒佰贰拾圆整		（小写）￥18720.00

销货单位	名　　称：肇庆市盐业有限公司 纳税人识别号：4412285476987585 地址、电话：肇庆市信安大道 1 号　2718456 开户行及账号：中国农业银行端州支行 6875412587953336	备注	肇庆市盐业有限公司 4412285476987585 发票专用章

收款人：莫丽　　复核：黄奴　　开票人：张路　　销货单位（章）

第三联：发票联　购货方记账凭证

广 东 增 值 税 专 用 发 票　　№ 0723612358

抵 扣 联

国家税务总局监制

44001111151　　　　　　　　　　　　　　开票日期 2013 年 03 月 11 日

购货单位	名　　　　称：肇庆市诚信有限公司 纳税人识别号：441201693481763 地　址、电话：肇庆市端州一路1号　2779720 开户行及账号：中国建设银行端州支行 3105235678123002579	密码区	（略）

货物或应税劳务名称	规格型号	单位	数　量	单价	金　额	税率	税　额
食盐	京晶	千克	10000	1.6	16000.00	17%	2720.00
合　　　计					￥16000.00		￥2720.00

价税合计（大写）	⊗壹万捌仟柒佰贰拾圆整	（小写）￥18720.00

销货单位	名　　　　称：肇庆市盐业有限公司 纳税人识别号：4412285476987585 地　址、电话：肇庆市信安大道1号　2718456 开户行及账号：中国农业银行端州支行 6875412587953336	备注	肇庆市盐业有限公司 4412285476987585 发票专用章

收款人：莫丽　　　　复核：黄叔　　　　开票人：张路　　　　销货单位（章）

第二联：抵扣联　购货方扣税凭证

收 料 单（财会联）

供货单位：

发票编号：　　　　　　　　　　年　月　日　　　　　　　收料第 03002 号

材料类别	材料编号	材料名称	材料规格	计量单位	数　量	
					应收	实收

部门主管：　　　　　　　　复核：　　　　　　　　　　收料：

8. 12 日，为了生产兰州拉面，生产车间周萍领用食盐 600 千克，领用食碱 100 千克（工作单号 0305），填制"领料单"。

领 料 单

领料部门：　　　　　　　　　　年　月　日　　　　　　　　领：03002

材　料		单位	数　量		备注
规格及名称			请领	实发	
工作单号		用途			

仓库负责人：　　　　　记账：　　　　　　发料：　　　　　　领料：

9. 13 日，收到斯特公司交来的转账支票一张，偿还购货款，填制"进账单"。

中国工商银行 支票（粤）　　　Ⅻ.0020384512358

出票日期（大写）贰零壹叁年 零叁月零壹拾日　　付款行名称：中国工商银行四会支行
收款人：肇庆市诚信有限公司　　　　　　　　出票人账号：2812345709024878945

本支票付款期限十天

人民币：（大写）

百	十	万	千	百	十	元	角	分
¥	1	1	6	5	3	2	0	0

用途 货款
上列款项请从我账户内支付
出票人签章

密码
行号 741258963
复核　　记账

（支票背面）

附加信息：	被背书人：中国建设银行瑞州支行 委托收款	被背书人：	贴粘单处
	背书人签章 2013 年 3 月 15 日	背书人签章 年 月 日	

中国建设银行进账单　（回单）

年 月 日　　　　XV15935476

付款人	全 称		收款人	全 称		此联是开户银行交给持（出）票人的回单
	账 号			账 号		
	开户银行			开户银行		

金额	人民币（大写）				亿	千	百	十	万	千	百	十	元	角	分

中国建设银行股份有限公司 肇庆市端州支行 2013.03.15 转讫

票据种类		票据张数	
票据号码			
复核		记账	

10. 按照生产计划，本月生产玉米面计划领用面粉 2600 千克，第一生产车间（领料员周萍）领用情况如下：①1 日，领用 100 千克；②3 日，领用 300 千克；③7 日，领用 200 千克；④9 日，领用 600 千克；⑤11 日，800 千克；⑥13 日，领用 150 千克；⑦15 日，领用 400 千克，填制"限额领料单"。

<h2 style="text-align:center">限额领料单</h2>

No. 0316

领料部门：

用　　途：　　　　　　　　年　　月　　　　　　材料仓库：01 号仓库

材料类型	材料名称	计量单位	单价	全月领用限额（千克）	全月实用	
					数量	金额
主要材料						

供应部门负责人：　　　　　　　　　生产计划部门负责人：

日期	请领		实发			退库		限额节余（千克）
	数量	领料单位负责人	数量	发料人	领料人	数量	退库单号	

11. 14 日，王军出差回来后报销差旅费，具体资料如下：3 月 2 日从肇庆到广州，汽车票 1 张 49 元，3 月 5 日从广州到肇庆，汽车票 1 张 45 元；市内公交车费 46 元，住宿费 1 张共 450 元，会务费 1 张共 400 元，出差补助每天 30 元，共 4 天；同时收到退回的预借差旅费余款 890 元，填写"收据"及"差旅费报销单"。

收　据

NO:08794568

年　月　日

今收到：		现金收讫	第二联
人民币（大写）：	¥：		收据联
事由：	现金（√）　支票（　）		

　　财务主管：　　　　　　收款人：　　　　　　交款人：

差 旅 费 报 销 单

报销部门：　　　　　　　　　　　　　　　　　填制日期　　年　月　　日

姓名		职别		出差事由						
出差起讫自　年　月　　日起至　　年　月　　日止共　　天附单据　　张										
日期		起讫地点	天数	机票费	车船费	市内交通费	住宿费	出差补助费	其他	小计
月	日									
小计										
合计金额（大写）：　万　千　佰　拾　元　角　分　　　小写：¥										
备注：　　　　　预借：　　　　　核销：　　　　　退补：										

　　负责人：　　　财务主管：　　　会计：　　　审核：　　　出差人：

12. 15 日，开出转账支票，向新华工厂预付购材料款 50000 元（填制转账支票）。

中国建设银行 支票存根(粤)		
EC 2834663800		
附加信息 _____		
_____		
_____		
出票日期 年 月 日		
收款人：		
金 额：		
用 途：		
单位主管 会计		

中国建设银行 China Construction Bank   支 票   （粤）   EC 2834663800

出票日期（大写）　年　月　日　付款行名称：中国建设银行端州支行
收款人：　　　　　　　　　　出票人账号：3105235678123002579

人民币
（大写）　　　　　　　　　　亿 千 百 十 万 千 百 十 元 角 分

用途_____

密码
行号 278987

上列款项请从
我账户内支付
出票人签章

本支票付款期限十天

复核　　记账

（支票背面）

附加信息：	被背书人：	被背书人：	贴 粘 单 处
	背书人签章 年　月　日	背书人签章 年　月　日	

实训四

记账凭证的填制与审核

实训目的

掌握记账凭证的填制和审核。

实训资料

1. 15 日，通过银行转账，缴纳 2 月份的社会保险费。

社会保险费电子转账凭证

凭证号：99789906

日期：2013 年 3 月 15 日

凭证提交号：88501

付款人	全　称	肇庆市诚信有限公司		收款人	全　称	端州区社保中心
	账　号	44052356781230025			账　号	44128795873
	开户行	中国建设银行端州支行			开户行	中国农业银行端州支行
	行　号	278987			行　号	378542

金额	人民币壹拾陆万叁仟玖佰叁拾肆元整	￥163934.00

摘要	代扣号：B1256　　2013 年 03 月社保 养老小计：113180　　单位养老：86400 　　　　　　　　　　个人养老：26780 失业小计　12130　　单位失业：8450 　　　　　　　　　　个人失业：3680 医疗小计：15624　　单位医疗：9750 　　　　　　　　　　个人医疗：5874 工伤小计：10000　　单位工伤：10000 生育小计：13000　　单位生育：13000	收款人开户行盖章 中国建设银行股份有限公司 肇庆市端州支行 2013.03.15 转讫
备注		打印次数：1　　　转

复核：　　　　　记账：

第二联：缴费单位

2. 15 日，通过银行转账，缴纳 2 月份的税费。

支行名称：端州支行　　　　　　　　　　　　　　　　　　　　　　　网点号：56874912

肇庆电子缴税系统回单

扣款日期：2013.3.15

清算日期：2013.3.15

付款人名称：肇庆市诚信有限公司

付款人账号：44052356781230025

付款人开户银行：中国建设银行端州支行

收款人名称：肇庆市端州区国家税务局

收款人账号：687458968745

收款人开户银行：国家金库端州支库

款项内容：代扣（国税）税款

小写金额：￥53510.00

大写金额：伍万叁仟伍佰壹拾元整

纳税人编码：441201693481763

纳税人名称：肇庆市诚信有限公司

中国建设银行股份有限公司
肇庆市端州支行
2013.03.15
转讫

电子税票号：1245745465213

税种	所属时期	纳税金额	备注
增值税	20130201—201302328	￥53510.00	国税

经办：　　　　　复核：　　　　　打印次数：1　　　　　打印日期：

支行名称：端州支行　　　　　　　　　　　　　　　　　　　　　　　网点号：56874912

肇庆电子缴税系统回单

扣款日期：2013.03.15

清算日期：2013.03.15

付款人名称：肇庆市诚信有限公司

付款人账号：44052356781230025

付款人开户银行：中国建设银行端州支行

收款人名称：肇庆市端州区地方税务局

收款人账号：097456328571

收款人开户银行：国家金库端州支库

款项内容：代扣（地税）税款

小写金额：￥8361.00

大写金额：捌仟叁佰陆拾壹元整

纳税人编码：441201693481763

纳税人名称：肇庆市诚信有限公司

中国建设银行股份有限公司
肇庆市端州支行
2013.03.15
转讫

电子税票号：87547968374

税种	所属时期	纳税金额	备注
城建税	20130201—20130228	￥3745.70	地税
教育费附加	20130201—20130228	￥1605.30	地税
个人所得税	20130201—20130228	￥3010.00	地税

经办：　　　　　复核：　　　　　打印次数：1　　　　　打印日期：

3. 15日，开出现金支票，发放2月份工资。

中国建设银行
China Construction Bank 支票存根
EC 2834663799
附加信息 _____
_____
_____
_____
出票日期 2013 年 3 月 15 日
收款人：肇庆市诚信有限公司
金　额：￥ 277916.00
用　途：2月份工资
单位主管：刘刚　会计：张璐

4. 15日，结转工资结算中代扣的社会保险费等款项。

肇庆市诚信有限公司工资结算汇总表

2013 年 2 月 　　　　　　　　　　　　　　　　　　　　　单位：元

车间、部门	计时工资	计件工资	奖金		夜班津贴	加班工资	应付工资	代扣款项				实发工资
			全勤奖	节约奖				养老保险	失业保险	医疗保险	个人所得税	
生产工人	90280	86500	6800	3800	2980	3600	193960	13390	1840	2937	1300	174493
挂面车间管理人员	8600		3260		850	1020	13730	804	144	177	210	12395
行政管理人员	76820		1800			1200	79820	10712	1472	2349	1104	64183
销售机构	28000		900			850	29750	1874	224	411	396	26845
合计	203700	86500	12760	3800	3830	6670	317260	26780	3680	5874	3010	277916

制表人：欧丽 　　　　　　　　　　　　　　　　　　　　审核人：张璐

5. 15 日，收到前欠货款。

中国建设银行 China Construction Bank 进账单（收账通知） NO：2456788

2013 年 3 月 15 日

收款人	全 称	肇庆市诚信有限公司	付款人	全 称	广宁县龙腾有限公司
	账 号	3105235678123027		账 号	6857241688745678
	开户银行	中国建设银行端州支行		开户银行	中国农业银行广宁支行

人民币（大写）	贰拾伍万陆仟柒佰元整	千	百	十	万	千	百	十	元	角	分
			¥	2	5	6	7	0	0	0	0

票据种类	银行本票	中国建设银行股份有限公司 肇庆市端州支行 2013.03.15 收款人开户行盖章 转讫
票据张数	1 张	
单位主管： 会计： 复 核： 记账：		

此联是持票人开户行给持票人的收账通知

6. 16 日，支付 3 月租用厂房（挂面车间）的租金 10000 元。

中国建设银行 China Construction Bank 支票存根

EC 2834663801

附加信息

_____

_____

_____

出票日期 2013 年 3 月 16 日

收款人：	蓝塘工业园
金 额：	¥ 10000.00
用 途：	3 月份车间租金

单位主管：张路 会计：欧丽

肇庆市地方税收税控专用发票

发票联

地方税务局监制

查询电话：2778567		查询号码：25874136974
顾客名称：肇庆市诚信有限公司		校对号码：17845298563
开票日期：2013.03.16	税控器号 145623	税控防伪码：4753687

经营项目	收费说明	金　额
蓝塘工业园区 22 号租金	2013 年 3 月份租金	10000.00
合计人民币（大写）壹万元整		￥10000.00

收款单位：蓝塘工业园	备注	支票号 2834663801
税务登记号：44010319049286X		
地址及电话：蓝塘 2 路 14 号　2717845		

开票人：陈欣　　　　收款人：胡朗　　　　收款单位（盖章）

蓝塘工业园
44100319014523678
发票专用章

7. 16 日，归还前欠云浮市宏达有限公司货款。

中国建设银行 China Construction Bank　托收凭证　（付款通知）　5

委托日期 2013 年 3 月 16 日　　付款日期 2013 年 3 月 17 日

业务类型		委托收款（○邮划、■电划）　托收承付（○邮划、○电划）										
付款人	全称	肇庆市诚信有限公司	收款人	全称	云浮市宏达有限公司							
	账号	44052356781230025		账号	441632145678974185							
	地址	肇庆市　开户行　中国建设银行端州支行		地址	云浮市　开户行　中国人民银行人民路办							
金额	人民币（大写）	壹拾壹万柒仟陆佰伍拾元伍角捌分	千	百	十	万	千	百	十	元	角	分
				￥	1	1	7	6	5	5	5	8
款项内容		货款　托收凭据名称　购销合同 4567　附寄单证张数　3 张										
商品发运情况		已发货　合同名称号码　4567										

备注：	付款人注意：
中国建设银行股份有限公司 肇庆市端州支行 2013.03.16 转讫 付款人开户银行签章 2013 年 3 月 16 日	1. 根据支付结算办法，上列委托收款（托收承付）款项在付款期限内未提出拒付，即视同意付款，以此代付款通知。
付款人开户银行收到日期 2013 年 3 月 16 日 复核　记账	2. 如需提出全部或部分拒付，应在规定期限内，将拒付理由书并附债务证明退交开户银行。

8. 17 日，行政科购买办公用品。

广东省商品销售统一发票　No. 45287163987

发　票　联

顾客名称：肇庆市诚信有限公司　　　　　　　　　　　2013 年 3 月 17 日

项　目	单　位	数　量	单　价	千	百	十	元	角	分	备注
钢笔	支	9	15.50		1	3	9	5	0	
A4 纸	包	10	18.00		1	8	0	0	0	
笔记本	本	20	6.20		1	2	4	0	0	
现金付讫										
合　计 人民币（大写）	零仟肆佰肆拾叁元伍角零分						¥ 4 4 3 5 0			

超过万元无效

第二联：付款方记账联

开票人：莫德　　　收款人：魏康　　　业户名称（盖章）：
肇庆市中商文具有限公司　发票专用章　44031451789456123

办公用品发放表
2013 年 3 月 17 日

领用部门	商品类别	领用数量	金　额	领用人签名
行政科	钢笔	9	139.00	王迪
	A4 纸	10	180.00	王迪
	笔记本	20	124.00	王迪

复核：马荣　　　　　　　　　　　制表：欧丽

9. 17 日，2 月采购的 16000 千克面粉到达，每千克 3.8 元，验收入库，2 月已付款。

收　料　单（财会联）

供货单位：梧州市飞燕有限公司
发票编号：57894158704　　　2013 年 3 月 17 日　　　收料第 03002 号

材料类别	材料编号	材料名称	材料规格	计量单位	应收	实收
主要材料	10001	面粉	一等面	千克	16000	16000

部门主管：胡亚荣　　　　复核：谢雨　　　　收料：马荣

10. 17 日，购入材料，支付货款。

广东增值税专用发票　　　　№ 0723612367

发票联

44001111151　　　　　　　　　　　　　　开票日期 2013 年 03 月 17 日

国家税务总局监制

购货单位	名　　称：肇庆市诚信有限公司 纳税人识别号：441201693481763 地址、电话：肇庆市端州一路 1 号 2779720 开户行及账号：中国建设银行端州支行 3105235678123002579		密码区	（略）		
货物或应税劳务名称	规格型号	单位	数 量	单价	金 额	税率	税 额

货物或应税劳务名称	规格型号	单位	数 量	单价	金 额	税率	税 额
氧化剂	食品级	千克	2000	180	360000.00	17%	61200.00
乳化剂	DMG-98	千克	5000	7.8	39000.00	17%	6630.00
合　　计					￥399000.00		￥67830.00

价税合计（大写）	⊗肆拾陆万陆仟捌佰叁拾圆整	（小写）￥466830.00

销货单位	名　　称：高要市金飞生物科技有限公司 纳税人识别号：4413247563895445 地址、电话：高要市金利镇 128 号 8345787 开户行及账号：中国农业银行高要支行 63214578599966	备注	高要市金飞生物科技有限公司 4413247563895445 发票专用章

收款人：王敏　　　复核：廖伟　　　开票人：王婷　　　销货单位（章）

第三联：发票联 购货方记账凭证

广 东 增 值 税 专 用 发 票 № 0723612367

抵 扣 联

44001111151

开票日期2013 年 03 月 17 日

购货单位	名　　称：肇庆市诚信有限公司 纳税人识别号：441201693481763 地址、电话：肇庆市端州一路1号　2779720 开户行及账号：中国建设银行端州支行 3105235678123002579	密码区	（略）

货物或应税劳务名称	规格型号	单位	数　量	单价	金　额	税率	税　额
氧化剂	食品级	千克	2000	180	360000.00	17%	61200.00
乳化剂	DMG-98	千克	5000	7.8	39000.00	17%	6630.00
合　　计					￥399000.00		￥67830.00

价税合计（大写）	⊗肆拾陆万陆仟捌佰叁拾圆整	（小写） ￥466830.00

销货单位	名　　称：高要市金飞生物科技有限公司 纳税人识别号：4413247563895445 地址、电话：高要市金利镇128号　8345787 开户行及账号：中国农业银行高要支行 63214578599966	备注	高要市金飞生物科技有限公司 4413247563895445 发票专用章

收款人：王敏　　　复核：廖伟　　　开票人：王婷　　　销货单位（章）

第二联： 抵扣联　购货方扣税凭证

收　料　单（财会联）

供货单位：高要市金飞生物科技有限公司

发票编号：0723612367　　　　　　2013 年 3 月 17 日　　　　　　收料第 03003 号

材料类别	材料编号	材料名称	材料规格	计量单位	数　量	
					应收	实收
辅助材料	2001	氧化剂	食品级	千克	2000	2000
	2002	乳化剂	DMG-98	千克	5000	5000

部门主管：胡亚荣　　　　　　复核：谢雨　　　　　　收料：马荣

中国建设银行
China Construction Bank

托收凭证　　（付款通知）　　5

委托日期 2013 年 3 月 17 日　　　付款日期 2013 年 3 月 18 日

业务类型	委托收款（○邮划、■电划）　托收承付（○邮划、○电划）													
付款人	全称	肇庆市诚信有限公司		收款人	全称	高要市金飞有限公司								
	账号	3105235678123002579			账号	21457885897584756								
	地址	肇庆市	开户行 中国建设银行端州支行		地址	高要市	开户行 中国农业银行高要支行							
金额	人民币（大写）肆拾陆万陆仟捌佰叁拾元整			亿	千	百	十	万	千	百	十	元	角	分
					¥	4	6	6	8	3	0	0	0
款项内容	购货款、运杂费	托收凭据名称	购销合同 33457	附寄单证张数			3							
商品发运情况	已发货		合同名称号码			33789								

备注：

付款人开户银行收到日期
　2013 年 3 月 17 日
复核　　记账

中国建设银行股份有限公司
肇庆市端州支行

2013.03.17

转讫

付款人开户行银行盖章
2013 年 3 月 17 日

付款人注意：
1. 根据支付结算办法，上列委托收款（托收承付）款项在付款期限内未提出拒付，即视为同意付款，以此代付款通知。
2. 如需提出全部或部分拒付，应在规定期限内，将拒付理由书并附债务证明退交开户银行。

此联是付款人开户银行给付款人按期付款通知

11. 18 日，购买办公设备。

广东增值税专用发票　　No 0925847896

4400111123457

抵扣联

开票日期 2013 年 03 月 18 日

购货单位	名　　　称：肇庆市诚信有限公司 纳税人识别号：441201693481763 地　址、电话：肇庆市端州一路 1 号　2779720 开户行及账号：中国建设银行端州支行 3105235678123002579		密码区		（略）		

货物或应税劳务名称	规格型号	单位	数 量	单 价	金　　额	税率	税　　额
办公桌		张	8	1200	9600.00	17%	1632.00
办公椅		把	8	300	2400.00	17%	408.00
合　　计					￥12000.00		￥2040.00

价税合计（大写）	⊗壹万肆仟零佰肆拾圆整	（小写）　￥14040.00

销货单位	名　　　称：肇庆市红树家具城 纳税人识别号：4411258794576458 地　址、电话：肇庆市端州一路 108 号 2717853 开户行及账号：中国农业银行高要支行 63698789789563	备注	肇庆市红树家具城 4411258794576458 发票专用章

收款人：刘卡　　复核：丘林　　开票人：陈鹏　　销货单位（章）

第二联：抵扣联　购货方扣税凭证

广东增值税专用发票　　　No 0925847896

4400111123457　　发票联　　开票日期 2013 年 03 月 18 日

购货单位	名　　　称：肇庆市诚信有限公司		密码区	（略）
	纳税人识别号：441201693481763			
	地　址、电话：肇庆市端州一路 1 号　2779720			
	开户行及账号：中国建设银行端州支行			
	3105235678123002579			

货物或应税劳务名称	规格型号	单位	数　量	单价	金　额	税率	税　额
办公桌		张	8	1200	9600.00	17%	1632.00
办公椅		把	8	300	2400.00	17%	408.00
合　　计					￥12000.00		￥2040.00

价税合计（大写）	⊗壹万肆仟零佰肆拾圆整	（小写）￥14040.00

销货单位	名　　　称：肇庆市红树家具城		备注	肇庆市红树家具城 4411258794576458 发票专用章
	纳税人识别号：4411258794576458			
	地　址、电话：肇庆市端州一路 108 号 2717853			
	开户行及账号：中国农业银行高要支行			
	63698789789563			

收款人：刘卡　　　复核：丘林　　　开票人：陈鸥　　　销货单位（章）

第三联：发票联　购货方记账凭证

固定资产领用单

2013 年 3 月 18 日　　　　　　　　　　　　　领用单号：0308

资产编号	资产名称	规格型号	资产类别	单　位	数　量	单价（元）	金额（元）	备　注
B00125	办公桌		办公设备	张	8	1200	9600	
B00126	办公椅		办公设备	把	8	300	2400	
合计							￥12800.00	
领用部门：行政科				领用部门负责人（签字）：李伟				
资产管理员（签字）：柳民				领用人员（签字）：莫月				

第一联：财务部门

中国建设银行 China Construction Bank　支票存根

EC　2834663803

附加信息

_____

_____

出票日期　2013 年 3 月 18 日

收款人：肇庆市红树家具城
金　额：￥14040.00
用　途：货款

单位主管：刘刚　　会计：张路

12. 19 日，归还前欠货款。

中国建设银行 China Construction Bank　电汇凭证（回单）　**1**

委托日期：2013 年 3 月 19 日　　　　　　　　　第 08754698 号

收款单位	全　　称	湛江市东方有限公司			汇款单位	全　　称	肇庆市诚信有限公司								
	账号或住址	515008090016				账号或住址	3105235678123002579								
	汇入地点	广东省	汇入行名称	中国工商银行阳江支行		汇出地点	广东省	汇出行名称	中国建设银行端州支行						
金额	人民币（大写）捌万伍仟伍佰贰拾玖元整					千	百	十	万	千	百	十	元	角	分
								￥8	5	5	2	9	0	0	

汇款用途：货款

（汇出行盖章）

中国建设银行股份有限公司
肇庆市端州支行
2013.03.19
转讫

上列款项已根据委托办理，如须查询，请持此回单来行面洽。

单位主管：　　　会计：　　　复核：　　　记账：　　　2013 年 3 月 19 日

13. 20 日，向佛山市洪卫有限公司出售材料，款未收。

广东增值税专用发票　　NO. 06765689

44001111150　　　　此联不作报销、扣税凭证使用　　　开票日期 2013 年 3 月 20 日

购货单位	名　　称：佛山市洪卫有限公司 纳税人识别号：4402135879456178' 地址、电话：祖庙路 158 号　0757-35879852 开户行及账号：佛山市交通银行祖庙支行 68754126987451		密码区	（略）		

货物或应税劳务名称	规格型号	单位	数量	单价	金额	税率	税额
着色剂	食品级	千克	800	22	17600.00	17%	2992.00
合　　计					￥17600.00		￥2992.00

价税合计（大写）	⊗贰万零伍佰玖拾贰圆整	（小写）￥20592.00

销货单位	名　　称：肇庆市诚信有限公司 纳税人识别号：441201693481763 地址、电话：肇庆市端州一路 1 号　2779720 开户行及账号：中国建设银行端州支行 310523567812300257	备注	肇庆市诚信有限公司 441201693481763 发票专用章

收款人：陈珊　　　复核：习春　　　开票人：欧丽　　　销货单位（章）

第一联：记账联　销货方记账凭证

14. 25 日，销售产品。

<table>
<tr><td colspan="9" align="center">广 东 增 值 税 专 用 发 票　　　　NO. 06765689</td></tr>
<tr><td colspan="9">44001111150　　　　此联不作报销、扣税凭证使用　　开票日期 2013 年 3 月 20 日</td></tr>
<tr><td rowspan="4">购货单位</td><td colspan="4">名　　　　称：肇庆市粮油食品有限公司</td><td rowspan="4">密码区</td><td colspan="3" rowspan="4">（略）</td></tr>
<tr><td colspan="4">纳税人识别号：44120945632587956</td></tr>
<tr><td colspan="4">地 址 、电 话：端州四路 85 号　0758-2303786</td></tr>
<tr><td colspan="4">开户行及账号：广东发展银行肇庆支行
8514256387952788</td></tr>
<tr><td>货物或应税劳务名称</td><td>规格型号</td><td>单位</td><td>数　量</td><td>单价</td><td>金　额</td><td>税率</td><td colspan="2">税　额</td></tr>
<tr><td>荞麦面</td><td>500g</td><td>袋</td><td>75000</td><td>5.90</td><td>442500.00</td><td>17%</td><td colspan="2">75225.00</td></tr>
<tr><td>玉米面</td><td>500g</td><td>袋</td><td>53000</td><td>5.85</td><td>310050.00</td><td>17%</td><td colspan="2">52708.50</td></tr>
<tr><td>合　　计</td><td></td><td></td><td></td><td></td><td>￥752550.00</td><td></td><td colspan="2">￥127933.50</td></tr>
<tr><td colspan="2">价税合计（大写）</td><td colspan="4">⊗捌拾捌万零肆佰捌拾叁圆伍角整　　（小写）￥880483.50</td><td colspan="3"></td></tr>
<tr><td rowspan="4">销货单位</td><td colspan="4">名　　　　称：肇庆市诚信有限公司</td><td rowspan="4">备注</td><td colspan="3" rowspan="4">肇庆市诚信有限公司
441201693481763
发票专用章</td></tr>
<tr><td colspan="4">纳税人识别号：441201693481763</td></tr>
<tr><td colspan="4">地 址 、电 话：肇庆市端州一路 1 号　2779720</td></tr>
<tr><td colspan="4">开户行及账号：中国建设银行端州支行
310523567812300257</td></tr>
</table>

收款人：陈珊　　　复核：习春　　　开票人：欧丽　　　销货单位（章）

第一联：记账联　销货方记账凭证

中国建设银行 China Construction Bank　　**进账单**（收账通知）

2013 年 3 月 20 日　　　　　　　　　　　　　　NO123586

收款人	全　称	肇庆市诚信有限公司	付款人	全　称	肇庆市粮油食品有限公司
	账　号	3105235678123027		账　号	8514256387952788
	开户银行	中国建设银行端州支行		开户银行	广东发展银行肇庆支行

人民币（大写）	捌拾捌万零肆佰捌拾叁元伍角整	千	百	十	万	千	百	十	元	角	分
			¥	8	8	0	4	8	3	5	0

票据种类	银行汇票	收款人开户行盖章
票据张数	1 张	

中国建设银行股份有限公司
肇庆市端州支行
2013.03.20
转讫

单位主管：　　会计：
复　核：　　记账：

此联是持票人开户行给持票人的收账通知

15. 28 日，计提本月固定资产折旧。

固定资产折旧计算表

2013 年 3 月　　　　　　　　　　　　　　　　　　单位：元

使用单位和固定资产类别	月初计提的折旧额	上月增加的固定资产应计提的折旧额	上月减少的固定资产应计提的折旧额	本月应计提折旧额
挂面车间	10800	2820	960	12660
厂部管理部门	4640	600		5240
专设销售机构	5800			5800
合　计	21240	3420	960	23700

复核：谢雨　　　　　　　　　　　　　　　　　　制表：欧丽

16. 29 日，预提应由 3 月负担的短期借款利息，年利率6%。

银行借款利息计提表

2013 年 3 月　　　　　　　　　　　　　　　　　　单位：元

贷款项目（名称）	金　额	月利率	应提利息
流动资产借款	500000	0.005	2500
合　计			

审核：谢雨　　　　　　　　　　　　　　　　　　制表：欧丽

17. 29 日，分摊应由 3 月负担的费用 3964 元。

费用分配表

2013 年 3 月　　　　　　　　　　　　　　　　　　　　　　单位：元

项　目	报刊费	财产保险费	劳动保护费	合　计
挂面车间	100	1000	1804	2904
管理部门	260	800		1060
合　计	360	1800	1804	3964

审核：谢雨　　　　　　　　　　　　　　　　　　　　　　制表：欧丽

18. 29 日，开出支票，向扶贫基金会捐款 15000 元。

公益性单位接受捐赠统一收据

2013 年 3 月 29 日

捐款者：肇庆市诚信有限公司

捐款项目：水灾捐款

捐款金额：人民币（大写）壹万伍仟元整　　　　　　　　（￥15000.00）

复核：李路　　　　　制单：章怡　　　　　希望工程基金会（章）

中国建设银行
China Construction Bank　支票存根

EC　2834663815

附加信息 _____

_____

_____

出票日期　2013 年 3 月 29 日

收款人：中国扶贫基金会	
金　额：￥15000.00	
用　途：捐款	

单位主管：刘刚　　会计：张路

19. 29 日，分配 3 月工资。

肇庆市诚信有限公司工资结算汇总表

2013 年 3 月 　　　　　　　　　　　　　　　　　　单位：元

车间、部门	计时工资	计件工资	奖金		夜班津贴	加班工资	应付工资	代扣款项				实发工资
			全勤奖	节约奖				养老保险	失业保险	医疗保险	个人所得税	
生产工人	102860	96780	8600	4200	3740	4900	221080	15860	2460	3084	3400	196276
车间管理人员	9800		4680		960	1600	17040	1040	260	288	400	15052
行政管理人员	84620		1900			2100	88620	11820	1840	2780	1400	70780
销售机构	32000		1200			960	34160	2840	224	625	480	29991
合 计	229280	96780	16380	4200	4700	9560	360900	31560	4784	6777	5680	312099

制表人：欧丽 　　　　　　　　　　　　　　　　　　　审核人：张路

工资费用分配汇总表

2013 年 3 月 　　　　　　　　　　　　　　　　　　单位：元

车间及部门		应分配工资额				合 计
		基本工资	奖金	津贴	加班工资	
基本生产车间	荞麦面工人工资	115791.20	7424.00	2169.20	2842.00	128226.40
	玉米面工人工资	83848.80	5376.00	1570.80	2058.00	92853.60
	小 计	199640.00	12800.00	3740.00	4900.00	221080.00
	车间管理人员	9800.00	4680.00	960.00	1600.00	17040.00
行政管理人员		84620.00	1900.00		2100.00	88620.00
专设销售机构		32000.00	1200.00		960.00	34160.00
合 计		326060.00	20580.00	4700.00	9560.00	360900.00

复核：欧丽 　　　　　　　　　　　　　　　　　　制表：张路

20. 30 日，根据"领料单"汇总 3 月发出材料，结转发出材料成本（"领料单"略）。

发出材料成本计算表

2013 年 3 月 31 日 　　　　　　　　　　　　　　单位：千克；元

材料名称	期初结存		本期购进		加权平均单价	本期发出		期末结存	
	数量	金额	数量	金额		数量	金额	数量	金额
面粉	2000	6200.00	81000	268800.00	3.31	79000	261490.00	4000	13510.00
乳化剂	500	3900.00	5000	38500.00	7.71	3500	26985.00	2000	15415.00
食盐	900	1530.00	10000	16000.00	1.61	6600	10626.00	4300	6904.00
食碱	800	2080.00	1200	3120.00	2.60	1500	3900.00	500	1300.00

续表

材料名称	期初结存		本期购进		加权平均单价	本期发出		期末结存	
	数量	金额	数量	金额		数量	金额	数量	金额
增黏剂	100	2600.00	800	21600.00	26.89	300	8067.00	600	16133.00
氧化剂	50	9100.00	200	36000.00	180.40	100	18040.00	150	27060.00
着色剂	650	13650.00	200	4200.00	20.57	840	17278.80	10	571.20
玉米	100	260.00	3000	8100.00	2.70	2800	7560.00	300	800.00
合计	5100	39320.00	101400	396320.00		94640	353946.80	11560	81693.20

复核：欧丽　　　　　　　　　　　　　　　　　　　　　制表：张略

发出材料汇总表

2013 年 3 月 31 日

领料单 0301 号至 0320 号共 20 张　　　　（备注：数量略）　　　　单位：元

材料\产品	面粉	乳化剂	食盐	食碱	增黏剂	氧化剂	着色剂	玉米	合计
生产荞麦面	151664.20	15651.30	6163.08	2262.00	4678.86	10463.20	477.22		191359.86
生产玉米面	109825.80	11333.70	4462.92	1638.00	3388.14	7576.80	345.58	7560.00	146130.94
销售							16456.00		16456.00
合计	261490.00	26985.00	10626.00	3900.00	8067.00	18040.00	17278.80	7560.00	353946.80

复核：欧丽　　　　　　　　　　　　　　　　　　　　　制表：张略

21. 31 日，分配 3 月电费。

外购动力分配表

2013 年 3 月

使用部门		分配标准（千瓦时）	分配率	分配金额（元）
动力用电	荞麦面	12800		9216
	玉米面	11000		7920
照明用电	生产车间一般耗用	6400		4608
	行政管理部门一般耗用	2200		1584
合　计		32400	0.72	23328

复核：欧丽　　　　　　　　　　　　　　　　　　　　　制表：张略

22. 31 日，分配 3 月水费。

水费分配表

2013 年 3 月

使用部门		耗用数量（吨）	分配率	分配金额（元）
生产耗用	玉米面	5880		11172
	荞麦面	5220		9918
一般耗用	生产车间	440		836
	行政管理部门	230		437
合　　计		11770	1.90	22363

复核：*欧丽*　　　　　　　　　　　　　　　　　　制表：*张路*

23. 31 日，分配 3 月制造费用。

制造费用分配表

2013 年 3 月

产　品	生产工时（小时）	分配率	分配金额（元）
荞麦面	7200		
玉米面	6800		
合　计	14000		

审核：　　　　　　　　　　　　　　　　　　　　制表：

24. 31 日，计算并结转完工产品成本。

入库产品汇总表

2013 年 3 月 31 日　　（入库单略）

产品名称	单　位	送交数量	实收数量	备　注
荞麦面	袋	95200	95200	
玉米面	袋	79400	79400	

复核：*欧丽*　　　　　　　　　　　　　　　　　　制表：*张路*

产品成本计算表

2013 年 3 月 31 日

产品名称：荞麦面   月末在产品：15300 袋   单位：元

摘 要	成本项目			合 计
	直接材料	直接人工	制造费用	
期初在产品成本	64578.00	16000.00	6800.00	87378.00
本月生产费用	211747.86	128226.40	24710.40	364684.66
生产费用合计	276325.86	144226.40	31510.40	452062.66
月末在产品定额成本	42400.00	10600.00	4200.00	57200.00
完工产品成本	233925.86	133626.40	27310.40	394862.66
单位成本	2.2493	1.2849	0.2626	3.7968

复核：欧丽   制表：张路

产品成本计算表

2013 年 3 月 31 日

产品名称：玉米面   月末在产品：11000 袋   单位：元

摘 要	成本项目			合 计
	直接材料	直接人工	制造费用	
期初在产品成本	34580.00	12000.00	4200.00	50780.00
本月生产费用	163968.94	92853.60	23337.60	280160.14
生产费用合计	198548.94	104853.60	27537.60	330940.14
月末在产品定额成本	24600.00	9200.00	3600.00	37400.00
完工产品成本	173948.94	95653.60	23937.60	293540.14
单位成本	2.0708	1.1387	0.2849	3.4944

复核：欧丽   制表：张路

完工产品成本汇总计算表

2013 年 3 月 31 日

成本项目	荞麦面（104000 袋）	玉米面（84000 袋）
直接材料		
直接人工		
制造费用		
总成本		
单位成本		

审核：   制表：

25. 31 日, 结转已销售产品成本。

产品出库汇总表

2013 年 3 月 31 日　　(出库单略)

产品名称	单 位	出库数量	备 注
荞麦面	袋	84500	
玉米面	袋	61000	

复核: 欧丽　　　　　　　　　　　　　　　　　　　　制表: 张路

已销产品成本计算表

2013 年 3 月 31 日

产品名称	期初结存		本期完工入库		加权平均单价	本期销售		期末结存	
	数量	金额	数量	金额		数量	金额	数量	金额
荞麦面	22900	88378.00	104000	394862.66	3.8080	84500	321776.00	42400	161464.66
玉米面	14500	51780.00	84000	293540.14	3.5058	61000	213853.80	37500	131466.34
合计	37400	140158.00	188000	688402.80		145500	535629.80	79900	292931.00

复核: 欧丽　　　　　　　　　　　　　　　　　　　　制表: 张路

中国建设银行 China Construction Bank　**进账单** (收账通知)

2013 年 3 月 31 日　　　　　　　　　　NO. 4587523

出票人	全　称	肇庆市诚信有限公司	付款人	全　称	肇庆市四海公司
	账号	3105235678123027		账号	656328574691888
	开户银行	中国建设银行端州支行		开户银行	中国工商银行端州支行

人民币 (大写)	肆仟伍佰元整	千	百	十	万	千	百	十	元	角	分
					¥	4	5	0	0	0	0
票据种类	支票										
票据张数	1										

中国建设银行股份有限公司
肇庆市端州支行
2013.03.31

持票人开户行盖章　　　　转讫

单位主管:　　会计:　　出纳:　　记账:

此联是持票人开户行给持票人的收账通知

26. 31 日，计算并结转 3 月应交的增值税。

应交增值税计算表

2013 年 3 月　　　　　　　　　单位：元

本月增值税计算	当期销项税额	当期进项税额	应交增值税额
合　计			

审核：　　　　　　　　　　　　　　　　　　　制表：

27. 31 日，计提 3 月应交城市维护建设税及教育费附加。

应交城建税及教育费附加计算表

2013 年 3 月　　　　　　　　　单位：元

税（费）种	计税依据	税（费）率	税（费）额
城市维护建设税		7%	
教育费附加		3%	
合计			

复核：　　　　　　　　　　　　　　　　　　　制表：

28. 31 日，结转 3 月各损益类账户。

3 月损益类账户发生额汇总表

账户名称	借方发生额	贷方发生额
主营业务收入		
其他业务收入		
营业外收入		
投资收益		
主营业务成本		
营业税金及附加		
其他业务成本		
营业外支出		

续表

账户名称	借方发生额	贷方发生额
管理费用		
财务费用		
销售费用		
合　　计		

复核：　　　　　　　　　　　　　　　　　　　　　　　制表：

实训要求

1. 根据"实训三"提供的 3 月上旬的部分原始凭证进行审核，根据审核无误的原始凭证填制"记账凭证"（提示：领料业务月末根据汇总表才进行账务处理）。

2. 对"实训四"提供的 3 月下旬的原始凭证进行审核，根据审核无误的原始凭证填制"记账凭证"。

3. 记账凭证采用专用式。

实训五

会计账簿的设置与登记

实训目的

掌握账簿的登记方法。

实训资料及要求

1. 根据 3 月初有关账户余额开设"现金日记账"、"银行存款日记账"及各类明细账，并登记期初余额。

2. 对"实训四"编制的记账凭证进行审核，根据审核无误的记账凭证逐笔登记"现金日记账"、"银行存款日记账"及各类明细账。

3. 计算出各账户的本期发生额及余额。

实训六

总分类账与明细分类账的平行登记

实训目的

掌握总分类账与明细分类账的平行登记。

实训资料

1. 肇庆市诚信有限公司 4 月初部分账户的资料如下：

总分类账

会计科目名称：原材料

2013年		凭证编号	摘要	借方									√	贷方									借或贷	余额								
月	日			千	百	十	万	千	百	十	元	角	分		千	百	十	万	千	百	十	元	角	分		千	百	十	万	千	百	十	元	角	分
																								借		2	2	5	1	4	0	0

总分类账

会计科目名称：应付账款

2013年		凭证	摘要	借 方									∨	贷 方									借或贷	余 额								
月	日	编号		千	百	十	万	千	百	十	元	角	分		千	百	十	万	千	百	十	元	角	分		千	百	十	万	千	百	十	元	角	分
4		1	承前页																						贷		8	4	6	0	0	0	0	0

明细科目　主要材料　　　品名　面粉　　　规格　标准粉　　　计量单位　千克　　　存放地点　一仓库

原材料　明细账

2013年		凭证编号	摘要	借方（收入）												贷方（发出）												余额（结存）											
月	日			数量	单价	千	百	十	万	千	百	十	元	角	分	数量	单价	千	百	十	万	千	百	十	元	角	分	数量	单价	千	百	十	万	千	百	十	元	角	分
4		1	承前页																									4000	3.38			1	3	5	1	0	0	0	0

原材料 明细账

明细科目 主要材料　　品名 食盐　　规格 京晶　　计量单位 千克　　存放地点 二仓库

2013年		凭证编号	摘要	借 方（收入）											贷 方（发出）											余 额（结存）										
月	日			数量	单价	千	百	十	万	千	百	十	元	角	分	数量	单价	千	百	十	万	千	百	十	元	角	分	数量	单价	千	百	十	万	千	百	十	元	角	分
4	1		承前页																									4300	1.61					6	9	0	4	0	0

原材料　明细账

明细科目　主要材料　　品名　玉米　　规格　　标准级　　计量单位　千克　　存放地点　一仓库

2013年		凭证编号	摘要	借 方（收入）													贷 方（发出）													余 额（结存）												
月	日			数量	单价	千	百	十	万	千	百	十	元	角	分	数量	单价	千	百	十	万	千	百	十	元	角	分	数量	单价	千	百	十	万	千	百	十	元	角	分
4		1	承前页																									300	2.67				8	0	0	0	0	0	0

明细科目 __主要材料__　品名 __食碱__　规格 __食用级__　计量单位 __千克__　存放地点 __二仓库__

原材料　明细账

| 2013年 | | 凭证编号 | 摘要 | 借　方（收入） | | | | | | | | | | | | 贷　方（发出） | | | | | | | | | | | | 余　额（结存） | | | | | | | | | | | | |
月	日			数量	单价	千	百	十	万	千	百	十	元	角	分	数量	单价	千	百	十	万	千	百	十	元	角	分	数量	单价	千	百	十	万	千	百	十	元	角	分
4	1		承前页																									500	2.6			1	3	0	0	0	0		

明细科目：肇庆市星安有限公司

应付账款　明细账

2013年		凭证编号	摘要	借方										√	贷方										借或贷	余额									
月	日			千	百	十	万	千	百	十	元	角	分		千	百	十	万	千	百	十	元	角	分		千	百	十	万	千	百	十	元	角	分
4	1		承前页																						贷			4	6	0	0	0	0	0

明细科目：肇庆市盐业公司

应付账款　明细账

2013年		凭证编号	摘要	借　方								√	贷　方								借或贷	余　额							
月	日			千	百	十	万	千	百	十	元	角	分		千	百	十	万	千	百	十	元	角	分		千	百	十	万	千	百	十	元	角	分
4	1		承前页																						贷			2	4	0	0	0	0	0

明细账

应付账款

明细科目：云浮市宏达有限公司

2013年		凭证编号	摘要	借方										借或贷	贷方										余额									
月	日			千	百	十	万	千	百	十	元	角	分		千	百	十	万	千	百	十	元	角	分	千	百	十	万	千	百	十	元	角	分
4	1		承前页											贷													1	4	6	0	0	0	0	0

2. 本公司 4 月发生的部分经济业务如下：

（1）4 月 3 日，向星安有限公司购入材料，货款尚未支付。

广东增值税专用发票 № 07236125879

发票联

44005538888

开票日期 2013 年 4 月 3 日

购货单位	名　　称：肇庆市诚信有限公司 纳税人识别号：441201693481763 地　址、电话：肇庆市端州一路 1 号　2779720 开户行及账号：中国建设银行端州支行 3105235678123002579	密码区	（略）			

货物或应税劳务名称	规格型号	单位	数量	单价	金额	税率	税额
面粉	标准粉	千克	12000	3.3	39600.00	17%	6732.00
合　　计					￥39600.00		￥6732.00

价税合计（大写）	⊗肆万陆仟叁佰叁拾贰圆整	（小写）　￥46332.00

销货单位	名　　称：肇庆市星安有限公司 纳税人识别号：44121611678945287 地　址、电话：肇庆市信安大道125号　2788996 开户行及账号：中国工商银行端州支行 385269874566	备注	肇庆市星安有限公司 44121611678945287 发票专用章

收款人：李金　　　复核：杜洪　　　开票人：莫月　　　销货单位（章）

第三联：发票联　购货方记账凭证

广 东 增 值 税 专 用 发 票　No 07236125879

抵 扣 联

44005538888　　　　　　　　开票日期2013 年 4 月 3 日

购货单位	名　称：肇庆市诚信有限公司 纳税人识别号：441201693481763 地址、电话：肇庆市端州一路1号　2779720 开户行及账号：中国建设银行端州支行 3105235678123002579					密码区	（略）	

货物或应税劳务名称	规格型号	单位	数量	单价	金额	税率	税额
面粉	标准粉	千克	12000	3.3	39600.00	17%	6732.00
合　计					￥39600.00		￥6732.00

价税合计（大写）　⊗肆万陆仟叁佰叁拾贰圆整　　　　（小写）￥46332.00

销货单位	名　称：肇庆市星安有限公司 纳税人识别号：44121611678945287 地址、电话：肇庆市信安大道125号　2788996 开户行及账号：中国工商银行端州支行 385269874566	备注	肇庆市星安有限公司 44121611678945287 发票专用章

第二联：抵扣联　购货方扣税凭证

收款人：李金　　复核：杜洪　　开票人：莫月　　销货单位（章）

收 料 单 （财会联）

供货单位：肇庆市星安有限公司

发票编号：07236125879　　　　　　　2013 年 4 月 3 日　　　　　　　收料第 04001 号

材料类别	材料编号	材料名称	材料规格	计量单位	数　量	
					应收	实收
主要材料	10001	面　粉	标准粉	千克	12000	12000
合计					12000	12000

部门主管：胡亚荣　　　　　　复核：谢雨　　　　　　收料：马荣

(2) 4 月 5 日，支付 3 月欠肇庆市盐业公司材料款 8600 元。

中国建设银行
China Construction Bank　支票存根

EC　2834663799

附加信息

_____

_____

出票日期　2013 年 4 月 5 日

收款人	肇庆市盐业公司
金　额	￥ 8600.00
用　途	购货

单位主管：张路　　会计：欧丽

（3）4 月 7 日，向盐业公司购入材料，货款尚未支付。

广 东 增 值 税 专 用 发 票　　No 08523698

发票联

44002578966　　　　　　　　　　　　　开票日期 2013 年 4 月 7 日

购货单位	名　　　称：肇庆市诚信有限公司 纳税人识别号：441201693481763 地址、电话：肇庆市端州一路 1 号　2779720 开户行及账号：中国建设银行端州支行 3105235678123002579	密码区	（略）

货物或应税劳务名称	规格型号	单位	数 量	单价	金 额	税率	税 额
食盐	京晶	千克	5000	1.6	8000.00	17%	1360.00
合　　　计					￥8000.00		￥1360.00

价税合计（大写）	⊗玖仟叁佰陆拾圆整	（小写）￥9360.00

销货单位	名　　　称：肇庆市盐业有限公司 纳税人识别号：4412285476987585 地址、电话：肇庆市信安大道 1 号　2718456 开户行及账号：中国农业银行端州支行 845678968528	备注	肇庆市盐业有限公司 4412285476987585 发票专用章

收款人：刘路　　　复核：蒙康　　　开票人：吴开　　　销货单位（章）

第三联：　发票联　购货方记账凭证

全国统一发票监制章

广东增值税专用发票 № 08523698

广东省税务局监制

抵扣联

44002578966 开票日期2013 年 4 月 7 日

购货单位	名　　　称：肇庆市诚信有限公司 纳税人识别号：441201693481763 地　址、电　话：肇庆市端州一路1号　2779720 开户行及账号：中国建设银行端州支行 3105235678123002579	密码区	（略）

货物或应税劳务名称	规格型号	单位	数　量	单价	金　额	税率	税　额
食盐	京晶	千克	5000	1.6	8000.00	17%	1360.00
合　　计					￥8000.00		￥1360.00

价税合计（大写）	⊗玖仟叁佰陆拾圆整　　　　　　（小写）￥9360.00

销货单位	名　　　称：肇庆市盐业有限公司 纳税人识别号：4412285476987585 地　址、电　话：肇庆市信安大道1号　2718456 开户行及账号：中国农业银行端州支行 845678968528	备注	肇庆市盐业有限公司 4412285476987585 发票专用章

收款人：刘路　　　复核：蔡康　　　开票人：吴开　　　销货单位（章）

第二联：抵扣联　购货方扣税凭证

收　料　单　（财会联）

供货单位：肇庆市盐业有限公司

发票编号：08523698　　　　　　　　2013 年 4 月 7 日　　　　　　　　收料第 04002 号

材料类别	材料编号	材料名称	材料规格	计量单位	数　量	
					应收	实收
辅助材料	2003	食盐	京晶	千克	5000	5000
合计					5000	5000

部门主管：胡亚荣　　　　　　复核：谢雨　　　　　　收料：马荣

（4）4 月 9 日，以银行存款支付 3 月欠款。

中国建设银行 China Construction Bank　托收凭证　（付款通知）　　5

委托日期 2013 年 4 月 8 日　　　付款日期 2013 年 4 月 9 日

业务类型	委托收款（○邮划、■电划）　托收承付（○邮划、○电划）													
付款人	全称	肇庆市诚信有限公司		收款人	全称	云浮市宏达有限公司								
	账号	3105235678123002579			账号	441632145678974185								
	地址	肇庆市 开户行 中国建设银行端州支行			地址	云浮市 开户行 中国人民银行人民路办事处								
金额	人民币（大写）	肆万陆仟元整			亿	千	百	十	万	千	百	十	元	角	分
								￥	4	6	0	0	0	0	0
款项内容	购货款、运杂费	托收凭据名称	购销合同44528	附寄单证张数		3								
商品发运情况	已发货		合同名称号码		44528									

备注：

中国建设银行股份有限公司
肇庆市端州支行

2013.04.08

转讫

付款人开户银行收到日期
2013 年 4 月 8 日
复核　记账

付款人开户行签章
2013 年 4 月 9 日

付款人注意：

1. 根据支付结算办法，上列委托收款（托收承付）款项在付款期限内未提出拒付，即视为同意付款，以此代付款通知。

2. 如需提出全部或部分拒付，应在规定期限内，将拒付理由书并附债务证明退交开户银行。

（5）4 月 10 日，领用材料。

领 料 单

领料部门：挂面车间　　　　　2013 年 4 月 10 日　　　　　　　　　　领：04001

用途	材料	规格	单位	数　量		备注
				请领	实发	
生产玉米面	玉米		千克	200	200	加权单价：2.80
合计				200	200	

仓库负责人：胡亚棠　　　记账：欧丽　　　发料：马棠　　　领料：李敏

领 料 单

领料部门：挂面车间　　　　　2013 年 4 月 10 日　　　　　　　　　　领：04002

用途	材料	规格	单位	数　量		备注
				请领	实发	
生产荞麦面	面粉		千克	500	500	加权单价：3.40
合计				500	500	

仓库负责人：胡亚棠　　　记账：欧丽　　　发料：马棠　　　领料：李敏

领 料 单

领料部门：挂面车间　　　　　2013 年 4 月 10 日　　　　　　　　　　领：04003

用途	材料	规格	单位	数　量		备注
				请领	实发	
生产荞麦面	食碱		千克	80	80	加权单价：2.60
合计				80	80	

仓库负责人：胡亚棠　　　记账：欧丽　　　发料：马棠　　　领料：李敏

（6）4 月 11 日，购入材料，货款尚未支付。

广 东 增 值 税 专 用 发 票　　　№ 0300258779

发 票 联

44022666678　　　　　　　　　　　　　　　　　　开票日期 2013 年 4 月 11 日

购货单位	名　　称：肇庆市诚信有限公司 纳税人识别号：441201693481763 地　址 、电 话：肇庆市端州一路 1 号　2779720 开户行及账号：中国建设银行端州支行 3105235678123002579	密码区	（略）

货物或应税劳务名称	规格型号	单位	数　量	单价	金　额	税率	税　额
玉米	一等品	千克	3000	2.9	8700.00	17%	1479.00
合　　计					￥8700.00		￥1479.00

价税合计（大写）	⊗壹万零壹佰柒拾玖圆整　　　　　　　（小写）　￥10179.00

销货单位	名　　称：云浮市宏达有限公司 纳税人识别号：4411258369745892 地　址 、电 话：云浮市建设 3 路 26 号　8523669 开户行及账号：中国人民银行人民路办事处 4416321456 78974185	备注	云浮市宏达有限公司 4411258369745892 发票专用章

收款人：李东　　　　复核：赵业　　　　开票人：王梦　　　　销货单位（章）

第三联：：发票联　购货方记账凭证

广东增值税专用发票　№ 0300258779

44022666678

抵扣联

开票日期 2013 年 4 月 11 日

购货单位	名　　　称：肇庆市诚信有限公司 纳税人识别号：441201693481763 地　址、电话：肇庆市端州一路 1 号　2779720 开户行及账号：中国建设银行端州支行 3105235678123002579				密码区	（略）		

货物或应税劳务名称	规格型号	单位	数　量	单价	金　额	税率	税　额
玉米	一等品	千克	3000	2.9	8700.00	17%	1479.00
合　　计					¥ 8700.00		¥ 1479.00

价税合计（大写）	⊗壹万零壹佰柒拾玖圆整	（小写）¥ 10179.00

销货单位	名　　　称：云浮市宏达有限公司 纳税人识别号：4411258369745892 地　址、电话：云浮市建设 3 路 26 号　8523669 开户行及账号：中国人民银行人民路办事处 441632145678974185	备注	云浮市宏达有限公司 4411258369745892 发票专用章

收款人：李东　　　复核：赵业　　　开票人：王梦　　　销货单位（章）

第二联：抵扣联　购货方扣税凭证

收　料　单　（财会联）

供货单位：云浮市宏达有限公司

发票编号：0300258779　　　　　　　　2013 年 4 月 11 日　　　　　　　　收料第 04003 号

材料类别	材料编号	材料名称	材料规格	计量单位	数　　量	
					应收	实收
主要材料	30001	玉米	一等品	千克	3000	3000
合计					3000	3000

部门主管：胡亚荣　　　　　　复核：谢雨　　　　　　收料：马荣

（7）4 月 16 日，以银行存款支付 4 月 3 日应付的材料款。

中国建设银行 China Construction Bank 托收承付结算凭证 （付款通知）

委托日期 2013 年 4 月 3 日　　　　付款日期 2013 年 4 月 16 日

收款人	全称	肇庆市星安有限公司		付款人	全称	肇庆市诚信有限公司	
	账号	385269874566			账号或地址	3105235678123002579	
	开户银行	中国工商银行端州支行	行号 856478		开户银行	中国建设银行端州支行	

托收金额	人民币（大写）	肆万陆仟叁佰叁拾贰元整	千	百	十	万	千	百	十	元	角	分
					¥	4	6	3	3	2	0	0

附件		商品发运情况	合同名称号码
附寄单证张数或册数	2 张	已发货	

备注：	银行章...中国建设银行股份有限公司 肇庆市端州支行 2013.04.16 转讫 （收款单位开户行盖章）　月　日	科目（付）…… 对方科目（收）…… 转账　　年　月　日 复核员：　　记账员：

付款单位开户行收到日期　　　　　　　　　　　　　　　2013 年 4 月 16 日

（8）4月24日，生产产品领用材料。

领 料 单

领料部门：挂面车间   2013 年 4 月 24 日   领：04004

用途	材料	规格	单位	数 量		备注
				请领	实发	
生产玉米面	玉米		千克	600	600	加权单价：2.80
合计				600	600	

仓库负责人：胡亚荣   记账：欧丽   发料：马荣   领料：李敏

领 料 单

领料部门：挂面车间   2013 年 4 月 24 日   领：04005

用途	材料	规格	单位	数 量		备注
				请领	实发	
生产荞麦面	面粉		千克	700	700	加权单价：3.40
合计				700	700	

仓库负责人：胡亚荣   记账：欧丽   发料：马荣   领料：李敏

领 料 单

领料部门：挂面车间   2013 年 4 月 24 日   领：04006

用途	材料	规格	单位	数 量		备注
				请领	实发	
生产荞麦面	食碱		千克	100	100	加权单价：2.60
合计				100	100	

仓库负责人：胡亚荣   记账：欧丽   发料：马荣   领料：李敏

领 料 单

| 领料部门：挂面车间 | | | 2013 年 4 月 24 日 | | | 领：04007 |

用途	材料	规格	单位	数　量		备注
				请领	实发	
生产玉米面	面粉		千克	300	300	加权单价：3.40
合计				300	300	

仓库负责人：胡亚荣　　　记账：欧丽　　　发料：马荣　　　领料：李敏

（9）4 月 27 日，向星安有限公司购入材料，货款尚未支付。

广东增值税专用发票　　№ 07023613648

44005538888　　　　发票联　　　　开票日期 2013 年 4 月 27 日

购货单位	名　　称：肇庆市诚信有限公司 纳税人识别号：441201693481763 地址、电话：肇庆市端州一路 1 号　2779720 开户行及账号：中国建设银行端州支行 3105235678123002579				密码区	（略）		
货物或应税劳务名称	规格型号	单位	数量	单价	金额	税率	税额
面粉	标准粉	千克	10000	3.4	34000.00	17%	5780.00
合　计					￥34000.00		￥5780.00
价税合计（大写）　　⊗叁万玖仟柒佰捌拾圆整						（小写）￥39780.00	
销货单位	名　　称：肇庆市星安有限公司 纳税人识别号：44121611678945287 地址、电话：肇庆市信安大道 125 号　2788996 开户行及账号：中国工商银行端州支行 385269874566				备注	肇庆市星安有限公司 44121611678945287 发票专用章		

收款人：李金　　　复核：杜洪　　　开票人：莫月　　　销货单位（章）

第三联：发票联　购货方记账凭证

广 东 增 值 税 专 用 发 票　　№ 07023613648

44005538888　　　　　　　　　　　　　　　　开票日期 2013 年 4 月 27 日

购货单位	名　　　称：肇庆市诚信有限公司 纳税人识别号：441201693481763 地址、电话：肇庆市端州一路 1 号　2779720 开户行及账号：中国建设银行端州支行 31052356781230002579	密码区	（略）

货物或应税劳务名称	规格型号	单位	数 量	单价	金 额	税率	税 额
面粉	标准粉	千克	10000	3.4	34000.00	17%	5780.00
合　　计					￥34000.00		￥5780.00

价税合计（大写）	⊗叁万玖仟柒佰捌拾圆整	（小写）￥39780.00

销货单位	名　　　称：肇庆市星安有限公司 纳税人识别号：44121611678945287 地址、电话：肇庆市信安大道 125 号　2788996 开户行及账号：中国工商银行端州支行 385269874566	备注	肇庆市星安有限公司 44121611678945287 发票专用章

收款人：李金　　　复核：杜洪　　　开票人：莫月　　　销货单位（章）

第二联：抵扣联　购货方扣税凭证

收 料 单　（财会联）

供货单位：肇庆市星安有限公司

发票编号：07023613648　　　　　　2013 年 4 月 27 日　　　　　　收料第 04004 号

材料类别	材料编号	材料名称	材料规格	计量单位	数　量	
					应收	实收
主要材料	10001	面 粉	标准粉	千克	10000	10000
合计					10000	10000

部门主管：胡亚荣　　　　　复核：谢雨　　　　　收料：马荣

（10）4月28日，生产产品领用材料。

领 料 单

领料部门：挂面车间   2013 年 4 月 28 日   领：04008

用途	材料	规格	单位	数 量		备注
				请领	实发	
生产玉米面	玉米		千克	1000	1000	加权单价：2.90
合计				1000	1000	

仓库负责人：胡亚荣   记账：欧丽   发料：马荣   领料：李敏

领 料 单

领料部门：挂面车间   2013 年 4 月 28 日   领：04009

用途	材料	规格	单位	数 量		备注
				请领	实发	
生产荞麦面	面粉		千克	900	900	加权单价：3.50
合计				900	900	

仓库负责人：胡亚荣   记账：欧丽   发料：马荣   领料：李敏

领 料 单

领料部门：挂面车间   2013 年 4 月 28 日   领：04010

用途	材料	规格	单位	数 量		备注
				请领	实发	
生产荞麦面	食碱		千克	150	150	加权单价：2.70
合计				150	150	

仓库负责人：胡亚荣   记账：欧丽   发料：马荣   领料：李敏

领 料 单

领料部门：挂面车间　　　　　　　　2013 年 4 月 28 日　　　　　　　　领：04011

用途	材料	规格	单位	数　量		备注
				请领	实发	
生产玉米面	面粉		千克	500	500	加权单价：3.50
合计				500	500	

仓库负责人：胡亚莹　　　　记账：欧丽　　　发料：马荣　　　领料：李敏

（11）4 月 29 日，购入材料，货款尚未支付。

收 料 单　（财会联）

供货单位：云浮市宏达有限公司

发票编号：0300258791　　　　　　2013 年 4 月 29 日　　　　　　收料第 04005 号

材料类别	材料编号	材料名称	材料规格	计量单位	数　量	
					应收	实收
主要材料	40001	食碱	食品级	千克	1400	1400
合计					1400	1400

部门主管：胡亚莹　　　　　复核：谢雨　　　　　收料：马荣

广东增值税专用发票

No 0300258791

全国统一发票监制章

国家税务总局监制

发票联

44022666678

开票日期 2013 年 4 月 29 日

购货单位	名　　称：肇庆市诚信有限公司 纳税人识别号：441201693481763 地址、电话：肇庆市端州一路 1 号　2779720 开户行及账号：中国建设银行端州支行 3105235678123002579	密码区	（略）

货物或应税劳务名称	规格型号	单位	数　量	单价	金　额	税率	税　额
食碱	食品级	千克	1400	2.8	3920.00	17%	666.40
合　　计					¥3920.00		¥666.40

价税合计（大写）	⊗肆仟伍佰捌拾陆圆肆角整	（小写）¥4586.40

销货单位	名　　称：云浮市宏达有限公司 纳税人识别号：4411258369745892 地址、电话：云浮市建设 3 路 26 号　8523669 开户行及账号：中国人民银行人民路办事处 441632145678974185	备注	云浮市宏达有限公司 4411258369745892 发票专用章

收款人：李东　　　　复核：赵业　　　　开票人：王梦　　　　销货单位（章）

第三联：发票联　购货方记账凭证

全国统一发票监制章

广东增值税专用发票　№ 0300258791

抵 扣 联

44022666678

开票日期 2013 年 4 月 29 日

购货单位	名　　称：肇庆市诚信有限公司 纳税人识别号：441201693481763 地址、电话：肇庆市端州一路 1 号　2779720 开户行及账号：中国建设银行端州支行 3105235678123002579				密码区	（略）		
货物或应税劳务名称	规格型号	单位	数量	单价	金　额	税率	税　额
食碱	食品级	千克	1400	2.8	3920.00	17%	666.40
合　　计					￥3920.00		￥666.40
价税合计（大写）	⊗肆仟伍佰捌拾陆圆肆角整					（小写）　￥4586.40	
销货单位	名　　称：云浮市宏达有限公司 纳税人识别号：4411258369745892 地址、电话：云浮市建设 3 路 26 号　8523669 开户行及账号：中国人民银行人民路办事处 4416321456789 74185				备注	云浮市宏达有限公司 4411258369745892 发票专用章		

第二联：抵扣联　购货方扣税凭证

收款人：李东　　　复核：赵业　　　开票人：王梦　　　销货单位（章）

实训要求

1. 根据资料编制记账凭证。

2. 根据审核无误的记账凭证登记总分类账户及明细分类账户。

3. 结出各总分类账户及明细分类账户的本期发生额及期末余额。对"原材料"和"应付账款"总分类账户与明细分类账户进行核对。根据平行登记原理，检查总分类账户与其所属明细分类账的平衡关系是否成立。

实训七

科目汇总表的编制

实训目的

通过实训使学生理解科目汇总表的特点、账务处理程序,掌握科目汇总表的编制。

实训资料及要求

根据"实训四"编制的记账凭证,对 3 月的业务进行汇总,编制"科目汇总表",全月汇总一次。

科 目 汇 总 表

年　　月　　日　　　　　　　　　　　　字第　　号

会计科目	借方发生额	贷方发生额	√	会计科目	借方发生额	贷方发生额	√

会计科目	借方发生额	贷方发生额	√	会计科目	借方发生额	贷方发生额	√
合计				合计			

实训八

登记总分类账

实训目的

通过实训使学生掌握总分类账的登记方法。

实训资料及要求

根据"实训七"编制的科目汇总表登记总分类账,并进行结账。"总账"账页见 P253。

实训九

更正错账

实训目的

掌握错账的更正方法。

实训资料

（一）肇庆市诚信有限公司 5 月份在记账后进行账证核对时发现下列错误，请采用适当的更正方法予以更正

（1）13 日，职工李海出差预借差旅费 3000 元，开出现金支票。编制记账凭证如下，并已登记入账：

借：其他应收款　　　　　　　　3000

　　贷：库存现金　　　　　　　　　　3000

其他应收款		库存现金	
3000			3000

指出应采用的更正方法：＿＿＿＿＿＿＿＿＿＿＿＿＿＿

更正过程（写出更正分录并登记入上述的"T"形账）：

（2）28日，结转本月已销售A产品的生产成本8000元。编制记账凭证如下，并已登记入账：

借：主营业务成本　　　　　　　　80000

　　贷：库存商品　　　　　　　　　80000

主营业务成本		库存商品	
80000			80000

指出应采用的更正方法：_____

更正过程（写出更正分录并登记入上述的"T"形账）：

（3）29日，计提本月短期借款利息7500元。编制记账凭证如下，并已登记入账：

借：财务费用　　　　　　　　　5700

　　贷：应付利息　　　　　　　　　5700

财务费用		应付利息	
5700		5700	

指出应采用的更正方法：_____

更正过程（写出更正分录并登记入上述的"T"形账）：

（4）30 日，计提本月行政管理人员工资 4000 元。编制记账凭证如下，并已登记入账：

借：应付职工薪酬　　　　　　　　4000

　　贷：管理费用　　　　　　　　4000

应付职工薪酬		管理费用	
4000			4000

指出应采用的更正方法：_____

更正过程（写出更正分录并登记入上述的"T"形账）：

（5）30 日，以银行存款 50000 元，购进全新的汽车一辆。编制记账凭证如下，并已登记入账：

借：固定资产　　　　　　　　50000

　　贷：银行存款　　　　　　　　50000

固定资产		银行存款	
5000			5000

指出应采用的更正方法：＿＿＿＿＿＿＿＿＿＿＿＿

更正过程（写出更正分录并登记入上述的"T"形账）：

（二）肇庆市诚信有限公司 6 月份在记账后进行账证核对时发现下列错误，并提出要求

1. 请采用适当的更正方法予以更正（视需要编制更正的记账凭证）。

2. 登记日记账和明细账并结账。

（1）6 月 10 日，开出转账支票支付上月欠款 1600 元。

```
┌─────────────────────────────────┐
│  中国建设银行                     │
│  China Construction Bank  支票存根 │
│                                   │
│  EC   2834665887                  │
│  附加信息 _____ │
│  _____ │
│                                   │
│  _____ │
│                                   │
│  出票日期  2013 年 6 月 10 日      │
│  ┌─────────────────────────────┐ │
│  │ 收款人：肇庆市希望公司        │ │
│  │ 金　额：￥ 1600.00           │ │
│  │ 用　途：购货                 │ │
│  └─────────────────────────────┘ │
│  单位主管：刘刚   会计：张路       │
└─────────────────────────────────┘
```

付 款 凭 证

贷方科目 __银行存款__   2013 年 6 月 10 日   银付字第 2 号

摘 要	借方科目		√	金 额									
	总账科目	明细科目		千	百	十	万	千	百	十	元	角	分
归还上月货款	应付账款	希望公司	√				1	6	0	0	0	0	0
合 计	附件: 张		√				¥ 1	6	0	0	0	0	0

财务主管：刘刚   记账：欧丽   出纳：陈珊   审核：张路   制单：欧丽

（2）6 月 12 日，开出现金支票提取现金 2000 元，备用。

中国建设银行
China Construction Bank 支票存根

EC   2834665888

附加信息 _____

_____

_____

出票日期   2013 年 6 月 12 日

收款人：肇庆市诚信有限公司
金 额： ￥2000.00
用 途：备用

单位主管：刘刚   会计：张路

付 款 凭 证

贷方科目　库存现金　　　　　　　　2013 年 6 月 12 日　　　　　　　　银付字第 3 号

摘　　要	借方科目		√	金　额									
	总账科目	明细科目		千	百	十	万	千	百	十	元	角	分
提现金	银行存款		√					2	0	0	0	0	0
合　　计	附件 1 张		√				¥	2	0	0	0	0	0

财务主管：刘刚　　　记账：欧丽　　　出纳：陈珊　　　审核：张路　　　制单：欧丽

（3）6 月 17 日，李浩预借差旅费 1500 元。

借 款 单

2013 年 6 月 17 日

借款部门：行政科		借款人：李浩	
借款金额	金额（大写）壹仟伍佰元整		￥1500.00
借款理由	到广州开会		现金付讫
领导：同意　刘刚　　　财务主管：同意　张路　　　借款人：李浩			

付 款 凭 证

贷方科目　库存现金　　　　　　　　2013 年 6 月 17 日　　　　　　　　现付字第 1 号

摘　　要	借方科目		√	金　额									
	总账科目	明细科目		千	百	十	万	千	百	十	元	角	分
李浩预借差旅费	其他应收款	李浩	√					1	5	0	0	0	0
合　　计	附件 1 张		√				¥	1	5	0	0	0	0

财务主管：刘刚　　　记账：欧丽　　　出纳：陈珊　　　审核：张路　　　制单：欧丽

（4）6月24日，将收到的货款存入银行。

中国建设银行 China Construction Bank　**现金交款单（回单联）**　（2）

2013 年 6 月 24 日

收款单位	肇庆市诚信有限公司				款项来源	货款		

| 账号 | 3105235678123002579 | | | | 款项类别 | | 现金 | |

大写金额	肆万元整					亿 千 百 十 万 千 百 十 元 角 分
						¥ 4 0 0 0 0 0 0

券别	张数	金额	券别	张数	金额	券别	枚数	金额
壹佰元	300	30000	贰元			伍分		
伍拾元	150	7500	壹元			贰分		
贰拾元	50	1000	伍角			壹分		
拾元	150	1500	贰角					
伍元			壹角					

复核：　出纳：　银行盖章

中国建设银行股份有限公司 肇庆市端州支行　2013.06.24　收讫

收 款 凭 证

借方科目　银行存款　　　2013 年 6 月 24 日　　　银收字第 2 号

摘　要	贷方科目		√	金　额
	总账科目	明细科目		千 百 十 万 千 百 十 元 角 分
将现金存银行	库存现金		√	4 0 0 0 0 0
合　计	附件 1 张		√	¥ 4 0 0 0 0 0

财务主管：刘刚　　记账：欧丽　　出纳：陈珊　　审核：张路　　制单：欧丽

（5）30 日，计提本月应交城市维护建设税。

应交城建税及教育费附加计算表

2013 年 6 月 单位：元

税（费）种	计税依据	税（费）率	税（费）额
城市维护建设税	26000	7%	1820
合 计	26000		1820.00

转 账 凭 证

2013 年 6 月 30 日 转字第 8 号

摘 要	总账科目	明细科目	√	借方金额									贷方金额								
				千	百	十	万	千	百	十	元	角	分	千	百	十	万	千	百	十	元	角	分
计提城建税	营业税金及附加	城建税	√			1	8	2	0	0	0	0											
	应交税费	城建税	√												1	8	2	0	0	0	0
合 计	附件 1 张				¥	1	8	2	0	0	0	0		¥	1	8	2	0	0	0	0

财务主管：刘刚 记账：欧丽 出纳：陈珊 审核：张路 制单：欧丽

登记的账户如下：

应付账款 明细账

明细科目：希望公司

2013年		凭证编号	摘 要	借 方										√	贷 方									借或贷	余 额								
月	日			千	百	十	万	千	百	十	元	角	分		千	百	十	万	千	百	十	元	角	分		千	百	十	万	千	百	十	元	角	分
6	1		承前页																						借			5	0	0	0	0	0	0
	13	银付4	归还货款				1	6	0	0	0	0																				

银行存款日记账

2013年		凭证编号	摘要	对方科目	支票号数	借方										贷方										借或贷	余额									
月	日					千	百	十	万	千	百	十	元	角	分	千	百	十	万	千	百	十	元	角	分		千	百	十	万	千	百	十	元	角	分
6	1		承前页																										1	5	6	0	0	0	0	0
	3	银付1	提现	库存现金	转5886															6	0	0	0	0	0				1	5	0	0	0	0	0	0
	10	银付2	归还货款	应付账款	转5887														1	6	0	0	0	0				1	3	4	0	0	0	0	0
	12	银付3	提现	库存现金	现5888					2	0	0	0	0	0														1	3	6	0	0	0	0	0
	13	银付4	交上月税	应交税费																4	0	0	0	0	0				1	3	2	0	0	0	0	0
	20	银收1	收到货款	主营业务收入	转3621				2	0	0	0	0	0	0														1	5	2	0	0	0	0	0
	24	银收2	存入现金	库存现金						4	0	0	0	0	0														1	5	6	0	0	0	0	0

营业税金及附加　明细账

明细科目：城建税

2013年		凭证编号	摘要	借方										√	贷方										借或贷	余额									
月	日			千	百	十	万	千	百	十	元	角	分		千	百	十	万	千	百	十	元	角	分		千	百	十	万	千	百	十	元	角	分
6	1		承前页																						借					4	0	0	0	0	0
	30	转8	计提本月税费															1	8	2	0	0	0	0											

现 金 日 记 账

2013 年		凭证编号	摘要	对方科目	借　方											贷　方											借或贷	余　额										
月	日				千	百	十	万	千	百	十	元	角	分	千	百	十	万	千	百	十	元	角	分		千	百	十	万	千	百	十	元	角	分
6	1		承前页																									9	0	0	0	0	0
	10	现收 1	存入货款	应收账款				1	0	0	0	0	0														1	0	0	0	0	0	0
	12	银付 3	提现	银行存款															2	0	0	0	0	0					8	0	0	0	0	0
	17	现付 1	预借差旅费	其他应付款															1	5	0	0	0	0					6	5	0	0	0	0
	24	现收 2	收到货款	主营业务收入				4	0	0	0	0	0	0														4	6	5	0	0	0
	24	银收 2	存入现金	银行存款															4	0	0	0	0	0					4	2	5	0	0	0

应交税费　明细账

明细科目：城建税

2013 年		凭证编号	摘　要	借　方										√	贷　方										借或贷	余　额									
月	日			千	百	十	万	千	百	十	元	角	分		千	百	十	万	千	百	十	元	角	分		千	百	十	万	千	百	十	元	角	分
6	1		承前页																						借					4	0	0	0	0	0
	13	银付 4	交上月税					4	0	0	0	0	0																						
	30	转 8	计提本月税费																1	8	2	0	0	0	0										

实训要求

1. 审核原始凭证和记账凭证，并进行账证核对，以检查账簿记录是否正确。

2. 针对查出的不同类型的记账错误，分别采用划线更正法、红字更正法、补充登记法进行更正。

实训十

编制银行存款余额调节表

实训目的

通过实训，掌握银行存款余额调节表的编制方法。

实训资料

肇庆市诚信有限公司 2013 年 7 月银行存款日记账记录和 7 月银行对账单如下：

银行存款日记账

2013 年		凭证编号	摘要	对方科目	结算凭证		借　方										贷　方										借或贷	余　额									
月	日				种类	号数	千	百	十	万	千	百	十	元	角	分	千	百	十	万	千	百	十	元	角	分		千	百	十	万	千	百	十	元	角	分
7			以上记录略																										4	1	5	0	0	0	0	0
	21	银付	支付差旅费	其他应收款	现支	10785															1	0	0	0	0	0			4	1	4	0	0	0	0	0
	22	银付	提现发薪	库存现金	现支	10786												4	5	0	0	0	0	0				3	6	9	0	0	0	0	0
	24	银付	办公用品费	管理费用	转支	45761															3	2	0	0	0				3	6	8	6	8	0	0	0
	26	银收	存销货款	主营业务收入	进账单	7852			1	1	7	0	0	0	0														3	8	0	3	8	0	0	0
	30	银付	邮电费	管理费用	转支	45726															2	5	0	0	0				3	8	0	1	3	0	0	0
	30	银收	存款利息	财务费用	结息单	38976					4	1	7	0	0														3	8	0	5	4	7	0	0
	30	银收	存押金	其他应付款	进账单	7853				3	6	0	0	0	0														3	8	4	1	4	7	0	0

建设银行肇庆市分行对账单

2013 年 7 月 31 日

年		对方科目代号	摘　要	凭证号		借　方	贷　方	余　额
月	日			现金支票	结算凭证			
7			以上记录略					415000
7	21	10	现金支票	10785		1000		414000
	22	10	现金支票	10786		45000		369000
	25	65	转账支票		45761	320		368680
	26	10	进账单		7852		11700	380380
	30	46	托收承付		47216		10000	390380
	30	251	结息单		38976		417	390797
	30	518	委托收款		36481	20358		370439

@ 实训要求

对银行存款日记账记录和银行对账单记录进行逐笔核对，找出未达账项，并编制银行存款余额调节表。

银行存款余额调节表

2013 年 7 月 31 日

项　目	金　额	项　目	金　额
银行对账单余额		银行存款日记账余额	
调整后余额		调整后余额	

实训十一

编制会计报表

实训目的

通过实训，掌握资产负债表和利润表的编制方法。

实训资料

1. 肇庆市诚信有限公司 2013 年 8 月 31 日有关总账和明细账户的余额如下：

资产账户	借或贷	余额	负债及所有者权益账户	借或贷	余额
库存现金	借	2100	短期借款	贷	249800
银行存款	借	803770	应付票据	贷	19600
其他货币资金	借	91560	应付账款	贷	71400
交易性金融资产	借	114140	——丙企业	贷	73000
应收票据	借	20000	——丁企业	借	1600
应收账款	借	77000	预收账款	贷	14700
——甲公司	借	80000	——C 公司	贷	14700
——乙公司	贷	3000	其他应付款	贷	5000
坏账准备	贷	2000	应付职工薪酬	贷	7000
预付账款	借	36160	应交税费	贷	6580
——A 公司	借	36000	应付股利	贷	22434
——B 公司	借	160			
其他应收款	借	5510	长期借款	贷	340000
应收股利	借	3000	应付债券	贷	63700
在途物资	借	3500	其中一年到期的应付债券	贷	23000

资产账户	借或贷	余额	负债及所有者权益账户	借或贷	余额
原材料	借	930727	长期应付款	贷	165900
周转材料	借	117600	实收资本	贷	3518830
材料成本差异	贷	32277	资本公积	贷	110000
生产成本	借	265485	盈余公积	贷	48100
库存商品	借	75600	利润分配	贷	2961
存货跌价准备	贷	10000	——未分配利润	贷	2961
持有至到期投资	借	174200	本年利润	贷	30000
固定资产	借	2887800			
累计折旧	贷	1034920			
在建工程	借	256760			
固定资产清理	贷	6875			
无形资产	借	24015			
资产合计		4699005	负债及所有者权益合计		4699005

2. 肇庆市诚信有限公司所得税税率为 25%。该公司 2013 年 1~7 月各损益类账户的累计发生额和 8 月底转账前各损益类账户的发生额如下：

账户名称	8 月发生数		1~7 月累计发生数	
	借方	贷方	借方	贷方
主营业务收入		208000		4000000
主营业务成本	132000		2600000	
销售费用	2000		10000	
营业税金及附加	1000		24000	
其他业务成本	7500		30000	
营业外支出	2000		12000	
财务费用	3000		30000	
管理费用	3400		50000	
其他业务收入		9000		45000
营业外收入		1000		
投资收益		10000		
所得税费用			386700	

@ **实训要求**

根据上述资料编制肇庆市诚信有限公司 2013 年 8 月 31 日的资产负债表（填列期末数栏）和 2013 年 8 月的利润表。

资 产 负 债 表

编制单位：

年　　月　　日

企 01 表

单位：元

资　　产	期末余额	年初余额	负债及所有者权益（或股东权益）	期末余额	年初余额
流动资产：			流动负债：		
货币资金			短期借款		
交易性金融资产			交易性金融负债		
应收票据			应付票据		
应收账款			应付账款		
预付款项			预收款项		
应收利息			应付职工薪酬		
应收股利			应交税费		
其他应收款			应付利息		
存货			应付股利		
一年内到期的非流动资产			其他应付款		
其他流动资产			一年内到期的非流动负债		
流动资产合计			其他流动负债		
非流动资产：			流动负债合计		
可供出售金融资产			非流动负债：		
持有至到期投资			长期借款		
长期应收款			应付债券		
长期股权投资			长期应付款		
投资性房地产			专项应付款		
固定资产			预计负债		
在建工程			递延所得税负债		
工程物资			其他非流动负债		
固定资产清理			非流动负债合计		

续表

资　产	期末余额	年初余额	负债及所有者权益（或股东权益）	期末余额	年初余额
生产性生物资产			负债合计		
油气资产			所有者权益（或股东权益）：		
无形资产			实收资本（或股本）		
开发支出			资本公积		
商誉			减：库存股		
长期待摊费用			盈余公积		
递延所得税资产			未分配利润		
其他非流动资产			所有者权益（或股东权益）合计		
非流动资产合计					
资产总计			负债及所有者权益（或股东权益）总计		

单位负责人：　　　　　　　　　制表人：　　　　　　　　　审核人：

利　润　表

企 02 表

编制单位：　　　　　　　　　　年　　月　　　　　　　　　单位：元

项　目	行　次	本月数	本年累计数
一、营业收入	1		
减：营业成本	2		
营业税金及附加	3		
销售费用	4		
管理费用	5		
财务费用	6		
资产减值损失	7		
加：公允价值变动收益（损失以"-"号填列）	8		
投资收益（损失以"-"号填列）	9		
其中：对联营企业和合营企业的投资收益	10		
二、营业利润（亏损以"-"号填列）	11		
加：营业外收入	12		
减：营业外支出	13		
其中：非流动资产处置损失	14		
三、利润总额（亏损总额以"-"号填列）	15		

续表

项　目	行　次	本月数	本年累计数
减：所得税费用	16		
四、净利润（净亏损以"－"号填列）	17		
五、每股收益：	18		
（一）基本每股收益	19		
（二）稀释每股收益	20		
六、其他综合收益	21		
七、综合收益总额	22		

单位负责人：　　　　　　　　　　制表人：　　　　　　　　　审核人：

实训十二

会计档案的整理与保管

实训目的

通过实训，掌握凭证、报表的装订方法；撰写实训总结。

实训要求

1. 装订凭证。
2. 装订账簿。
3. 装订报表。
4. 实训总结。

日记账封面

现金日记账

年		凭证编号	摘　要	对方科目	借　方										贷　方										余　额									
月	日				千	百	十	万	千	百	十	元	角	分	千	百	十	万	千	百	十	元	角	分	千	百	十	万	千	百	十	元	角	分

现 金 日 记 账

年		凭证编号	摘 要	对方科目	借 方										贷 方										余 额									
月	日				千	百	十	万	千	百	十	元	角	分	千	百	十	万	千	百	十	元	角	分	千	百	十	万	千	百	十	元	角	分

银行存款日记账

年		凭证编号	摘　要	对方科目	结算凭证		借　方									贷　方									余　额								
月	日				种类	号数	千	百	十	万	千	百	十	元	角	分	千	百	十	万	千	百	十	元	角	分	千	百	十	万	千	百	十	元	角	分

银行存款日记账

年		凭证编号	摘　要	对方科目	结算凭证		借　方									贷　方									余　额								
月	日				种类	号数	千	百	十	万	千	百	十	元	角	分	千	百	十	万	千	百	十	元	角	分	千	百	十	万	千	百	十	元	角	分

三栏式明细账封面

明细账

明细科目：

年		凭证编号	摘　要	借　方										√	贷　方										借或贷	余　额									
月	日			千	百	十	万	千	百	十	元	角	分		千	百	十	万	千	百	十	元	角	分		千	百	十	万	千	百	十	元	角	分

明细账

明细科目：

年		凭证编号	摘　要	借　方										√	贷　方										借或贷	余　额									
月	日			千	百	十	万	千	百	十	元	角	分		千	百	十	万	千	百	十	元	角	分		千	百	十	万	千	百	十	元	角	分

明细账

明细科目：

年		凭证编号	摘　要	借　方										√	贷　方										借或贷	余　额									
月	日			千	百	十	万	千	百	十	元	角	分		千	百	十	万	千	百	十	元	角	分		千	百	十	万	千	百	十	元	角	分

明细账

明细科目：

年		凭证编号	摘 要	借 方										√	贷 方										借或贷	余 额									
月	日			千	百	十	万	千	百	十	元	角	分		千	百	十	万	千	百	十	元	角	分		千	百	十	万	千	百	十	元	角	分

明细账

明细科目：

年		凭证编号	摘 要	借 方										√	贷 方										借或贷	余 额									
月	日			千	百	十	万	千	百	十	元	角	分		千	百	十	万	千	百	十	元	角	分		千	百	十	万	千	百	十	元	角	分

明细账

明细科目：

年		凭证编号	摘 要	借 方										√	贷 方										借或贷	余 额									
月	日			千	百	十	万	千	百	十	元	角	分		千	百	十	万	千	百	十	元	角	分		千	百	十	万	千	百	十	元	角	分

明细账

明细科目：

年		凭证编号	摘要	借方										∨	贷方										借或贷	余额									
月	日			千	百	十	万	千	百	十	元	角	分		千	百	十	万	千	百	十	元	角	分		千	百	十	万	千	百	十	元	角	分

明细账

明细科目：

年		凭证编号	摘要	借方										∨	贷方										借或贷	余额									
月	日			千	百	十	万	千	百	十	元	角	分		千	百	十	万	千	百	十	元	角	分		千	百	十	万	千	百	十	元	角	分

明细账

明细科目：

年		凭证编号	摘要	借方										∨	贷方										借或贷	余额									
月	日			千	百	十	万	千	百	十	元	角	分		千	百	十	万	千	百	十	元	角	分		千	百	十	万	千	百	十	元	角	分

明细账

明细科目：

年		凭证编号	摘要	借方									√	贷方									借或贷	余额								
月	日			千	百	十	万	千	百	十	元	角	分		千	百	十	万	千	百	十	元	角	分		千	百	十	万	千	百	十	元	角	分

明细账

明细科目：

年		凭证编号	摘要	借方									√	贷方									借或贷	余额								
月	日			千	百	十	万	千	百	十	元	角	分		千	百	十	万	千	百	十	元	角	分		千	百	十	万	千	百	十	元	角	分

明细账

明细科目：

年		凭证编号	摘要	借方									√	贷方									借或贷	余额								
月	日			千	百	十	万	千	百	十	元	角	分		千	百	十	万	千	百	十	元	角	分		千	百	十	万	千	百	十	元	角	分

明细账

明细科目：

年		凭证编号	摘要	借方									√	贷方									借或贷	余额								
月	日			千	百	十	万	千	百	十	元	角	分	千	百	十	万	千	百	十	元	角	分		千	百	十	万	千	百	十	元	角	分

明细账

明细科目：

年		凭证编号	摘要	借方									√	贷方									借或贷	余额								
月	日			千	百	十	万	千	百	十	元	角	分	千	百	十	万	千	百	十	元	角	分		千	百	十	万	千	百	十	元	角	分

明细账

明细科目：

年		凭证编号	摘要	借方									√	贷方									借或贷	余额								
月	日			千	百	十	万	千	百	十	元	角	分	千	百	十	万	千	百	十	元	角	分		千	百	十	万	千	百	十	元	角	分

明细账

明细科目：

年		凭证编号	摘要	借方										∨	贷方										借或贷	余额									
月	日			千	百	十	万	千	百	十	元	角	分		千	百	十	万	千	百	十	元	角	分		千	百	十	万	千	百	十	元	角	分

明细账

明细科目：

年		凭证编号	摘要	借方										∨	贷方										借或贷	余额									
月	日			千	百	十	万	千	百	十	元	角	分		千	百	十	万	千	百	十	元	角	分		千	百	十	万	千	百	十	元	角	分

明细账

明细科目：

年		凭证编号	摘要	借方										∨	贷方										借或贷	余额									
月	日			千	百	十	万	千	百	十	元	角	分		千	百	十	万	千	百	十	元	角	分		千	百	十	万	千	百	十	元	角	分

明细账

明细科目：_____

年		凭证编号	摘 要	借 方										√	贷 方										借或贷	余 额									
月	日			千	百	十	万	千	百	十	元	角	分		千	百	十	万	千	百	十	元	角	分		千	百	十	万	千	百	十	元	角	分

明细账

明细科目：_____

年		凭证编号	摘 要	借 方										√	贷 方										借或贷	余 额									
月	日			千	百	十	万	千	百	十	元	角	分		千	百	十	万	千	百	十	元	角	分		千	百	十	万	千	百	十	元	角	分

明细账

明细科目：_____

年		凭证编号	摘 要	借 方										√	贷 方										借或贷	余 额									
月	日			千	百	十	万	千	百	十	元	角	分		千	百	十	万	千	百	十	元	角	分		千	百	十	万	千	百	十	元	角	分

明细账

明细科目：

年		凭证编号	摘要	借　方										√	贷　方										借或贷	余　额									
月	日			千	百	十	万	千	百	十	元	角	分		千	百	十	万	千	百	十	元	角	分		千	百	十	万	千	百	十	元	角	分

明细账

明细科目：

年		凭证编号	摘要	借　方										√	贷　方										借或贷	余　额									
月	日			千	百	十	万	千	百	十	元	角	分		千	百	十	万	千	百	十	元	角	分		千	百	十	万	千	百	十	元	角	分

明细账

明细科目：

年		凭证编号	摘要	借　方										√	贷　方										借或贷	余　额									
月	日			千	百	十	万	千	百	十	元	角	分		千	百	十	万	千	百	十	元	角	分		千	百	十	万	千	百	十	元	角	分

明细账

明细科目：

年		凭证编号	摘要	借方									√	贷方									借或贷	余额								
月	日			千	百	十	万	千	百	十	元	角	分		千	百	十	万	千	百	十	元	角	分		千	百	十	万	千	百	十	元	角	分

明细账

明细科目：

年		凭证编号	摘要	借方									√	贷方									借或贷	余额								
月	日			千	百	十	万	千	百	十	元	角	分		千	百	十	万	千	百	十	元	角	分		千	百	十	万	千	百	十	元	角	分

明细账

明细科目：

年		凭证编号	摘要	借方									√	贷方									借或贷	余额								
月	日			千	百	十	万	千	百	十	元	角	分		千	百	十	万	千	百	十	元	角	分		千	百	十	万	千	百	十	元	角	分

明细账

明细科目：

年		凭证编号	摘 要	借 方										√	贷 方										借或贷	余 额									
月	日			千	百	十	万	千	百	十	元	角	分		千	百	十	万	千	百	十	元	角	分		千	百	十	万	千	百	十	元	角	分

明细账

明细科目：

年		凭证编号	摘 要	借 方										√	贷 方										借或贷	余 额									
月	日			千	百	十	万	千	百	十	元	角	分		千	百	十	万	千	百	十	元	角	分		千	百	十	万	千	百	十	元	角	分

明细账

明细科目：

年		凭证编号	摘 要	借 方										√	贷 方										借或贷	余 额									
月	日			千	百	十	万	千	百	十	元	角	分		千	百	十	万	千	百	十	元	角	分		千	百	十	万	千	百	十	元	角	分

明细账

明细科目：

年		凭证编号	摘要	借方										√	贷方										借或贷	余额									
月	日			千	百	十	万	千	百	十	元	角	分		千	百	十	万	千	百	十	元	角	分		千	百	十	万	千	百	十	元	角	分

明细账

明细科目：

年		凭证编号	摘要	借方										√	贷方										借或贷	余额									
月	日			千	百	十	万	千	百	十	元	角	分		千	百	十	万	千	百	十	元	角	分		千	百	十	万	千	百	十	元	角	分

明细账

明细科目：

年		凭证编号	摘要	借方										√	贷方										借或贷	余额									
月	日			千	百	十	万	千	百	十	元	角	分		千	百	十	万	千	百	十	元	角	分		千	百	十	万	千	百	十	元	角	分

明细账

明细科目：

年		凭证编号	摘 要	借 方										√	贷 方										借或贷	余 额									
月	日			千	百	十	万	千	百	十	元	角	分		千	百	十	万	千	百	十	元	角	分		千	百	十	万	千	百	十	元	角	分

明细账

明细科目：

年		凭证编号	摘 要	借 方										√	贷 方										借或贷	余 额									
月	日			千	百	十	万	千	百	十	元	角	分		千	百	十	万	千	百	十	元	角	分		千	百	十	万	千	百	十	元	角	分

明细账

明细科目：

年		凭证编号	摘 要	借 方										√	贷 方										借或贷	余 额									
月	日			千	百	十	万	千	百	十	元	角	分		千	百	十	万	千	百	十	元	角	分		千	百	十	万	千	百	十	元	角	分

明细账

明细科目：

年		凭证编号	摘要	借方									√	贷方									借或贷	余额								
月	日			千	百	十	万	千	百	十	元	角	分		千	百	十	万	千	百	十	元	角	分		千	百	十	万	千	百	十	元	角	分

明细账

明细科目：

年		凭证编号	摘要	借方									√	贷方									借或贷	余额								
月	日			千	百	十	万	千	百	十	元	角	分		千	百	十	万	千	百	十	元	角	分		千	百	十	万	千	百	十	元	角	分

明细账

明细科目：

年		凭证编号	摘要	借方									√	贷方									借或贷	余额								
月	日			千	百	十	万	千	百	十	元	角	分		千	百	十	万	千	百	十	元	角	分		千	百	十	万	千	百	十	元	角	分

明细账

明细科目：

年		凭证	摘　要	借　方										√	贷　方										借或贷	余　额									
月	日	编号		千	百	十	万	千	百	十	元	角	分		千	百	十	万	千	百	十	元	角	分		千	百	十	万	千	百	十	元	角	分

明细账

明细科目：

年		凭证	摘　要	借　方										√	贷　方										借或贷	余　额									
月	日	编号		千	百	十	万	千	百	十	元	角	分		千	百	十	万	千	百	十	元	角	分		千	百	十	万	千	百	十	元	角	分

明细账

明细科目：

年		凭证	摘　要	借　方										√	贷　方										借或贷	余　额									
月	日	编号		千	百	十	万	千	百	十	元	角	分		千	百	十	万	千	百	十	元	角	分		千	百	十	万	千	百	十	元	角	分

明细账

明细科目：

年		凭证编号	摘 要	借 方										√	贷 方										借或贷	余 额									
月	日			千	百	十	万	千	百	十	元	角	分		千	百	十	万	千	百	十	元	角	分		千	百	十	万	千	百	十	元	角	分

明细账

明细科目：

年		凭证编号	摘 要	借 方										√	贷 方										借或贷	余 额									
月	日			千	百	十	万	千	百	十	元	角	分		千	百	十	万	千	百	十	元	角	分		千	百	十	万	千	百	十	元	角	分

明细账

明细科目：

年		凭证编号	摘 要	借 方										√	贷 方										借或贷	余 额									
月	日			千	百	十	万	千	百	十	元	角	分		千	百	十	万	千	百	十	元	角	分		千	百	十	万	千	百	十	元	角	分

明细账

明细科目：

年		凭证编号	摘要	借方										√	贷方										借或贷	余额									
月	日			千	百	十	万	千	百	十	元	角	分		千	百	十	万	千	百	十	元	角	分		千	百	十	万	千	百	十	元	角	分

明细账

明细科目：

年		凭证编号	摘要	借方										√	贷方										借或贷	余额									
月	日			千	百	十	万	千	百	十	元	角	分		千	百	十	万	千	百	十	元	角	分		千	百	十	万	千	百	十	元	角	分

明细账

明细科目：

年		凭证编号	摘要	借方										√	贷方										借或贷	余额									
月	日			千	百	十	万	千	百	十	元	角	分		千	百	十	万	千	百	十	元	角	分		千	百	十	万	千	百	十	元	角	分

明细账

明细科目：

年		凭证编号	摘　要	借　方										√	贷　方										借或贷	余　额									
月	日			千	百	十	万	千	百	十	元	角	分		千	百	十	万	千	百	十	元	角	分		千	百	十	万	千	百	十	元	角	分

明细账

明细科目：

年		凭证编号	摘　要	借　方										√	贷　方										借或贷	余　额									
月	日			千	百	十	万	千	百	十	元	角	分		千	百	十	万	千	百	十	元	角	分		千	百	十	万	千	百	十	元	角	分

明细账

明细科目：

年		凭证编号	摘　要	借　方										√	贷　方										借或贷	余　额									
月	日			千	百	十	万	千	百	十	元	角	分		千	百	十	万	千	百	十	元	角	分		千	百	十	万	千	百	十	元	角	分

明细账

明细科目：

年		凭证编号	摘 要	借 方										✓	贷 方										借或贷	余 额									
月	日			千	百	十	万	千	百	十	元	角	分		千	百	十	万	千	百	十	元	角	分		千	百	十	万	千	百	十	元	角	分

明细账

明细科目：

年		凭证编号	摘 要	借 方										✓	贷 方										借或贷	余 额									
月	日			千	百	十	万	千	百	十	元	角	分		千	百	十	万	千	百	十	元	角	分		千	百	十	万	千	百	十	元	角	分

明细账

明细科目：

年		凭证编号	摘 要	借 方										✓	贷 方										借或贷	余 额									
月	日			千	百	十	万	千	百	十	元	角	分		千	百	十	万	千	百	十	元	角	分		千	百	十	万	千	百	十	元	角	分

明细账

明细科目：

年		凭证编号	摘　要	借　方										√	贷　方										借或贷	余　额									
月	日			千	百	十	万	千	百	十	元	角	分		千	百	十	万	千	百	十	元	角	分		千	百	十	万	千	百	十	元	角	分

明细账

明细科目：

年		凭证编号	摘　要	借　方										√	贷　方										借或贷	余　额									
月	日			千	百	十	万	千	百	十	元	角	分		千	百	十	万	千	百	十	元	角	分		千	百	十	万	千	百	十	元	角	分

明细账

明细科目：

年		凭证编号	摘　要	借　方										√	贷　方										借或贷	余　额									
月	日			千	百	十	万	千	百	十	元	角	分		千	百	十	万	千	百	十	元	角	分		千	百	十	万	千	百	十	元	角	分

明细账

明细科目：

年		凭证编号	摘要	借方										√	贷方										借或贷	余额									
月	日			千	百	十	万	千	百	十	元	角	分		千	百	十	万	千	百	十	元	角	分		千	百	十	万	千	百	十	元	角	分

明细账

明细科目：

年		凭证编号	摘要	借方										√	贷方										借或贷	余额									
月	日			千	百	十	万	千	百	十	元	角	分		千	百	十	万	千	百	十	元	角	分		千	百	十	万	千	百	十	元	角	分

明细账

明细科目：

年		凭证编号	摘要	借方										√	贷方										借或贷	余额									
月	日			千	百	十	万	千	百	十	元	角	分		千	百	十	万	千	百	十	元	角	分		千	百	十	万	千	百	十	元	角	分

明细账

明细科目：

年		凭证编号	摘　要	借　方										√	贷　方										借或贷	余　额									
月	日			千	百	十	万	千	百	十	元	角	分		千	百	十	万	千	百	十	元	角	分		千	百	十	万	千	百	十	元	角	分

明细账

明细科目：

年		凭证编号	摘　要	借　方										√	贷　方										借或贷	余　额									
月	日			千	百	十	万	千	百	十	元	角	分		千	百	十	万	千	百	十	元	角	分		千	百	十	万	千	百	十	元	角	分

明细账

明细科目：

年		凭证编号	摘　要	借　方										√	贷　方										借或贷	余　额									
月	日			千	百	十	万	千	百	十	元	角	分		千	百	十	万	千	百	十	元	角	分		千	百	十	万	千	百	十	元	角	分

明细账

明细科目：

年		凭证编号	摘要	借方										√	贷方										借或贷	余额									
月	日			千	百	十	万	千	百	十	元	角	分		千	百	十	万	千	百	十	元	角	分		千	百	十	万	千	百	十	元	角	分

数量金额式明细账封面

明细账

明细科目_____ 品名_____ 规格_____ 计量单位_____ 存放地点_____

年		凭证编号	摘要	借方（收入）			贷方（发出）			余额（结存）		
月	日			数量	单价	千百十万千百十元角分	数量	单价	千百十万千百十元角分	数量	单价	千百十万千百十元角分

明细账

明细科目_____ 品名_____ 规格_____ 计量单位_____ 存放地点_____

年		凭证编号	摘要	借方（收入）			贷方（发出）			余额（结存）		
月	日			数量	单价	千百十万千百十元角分	数量	单价	千百十万千百十元角分	数量	单价	千百十万千百十元角分

明细账

明细科目＿＿＿＿　品名＿＿＿＿　规格＿＿＿＿　计量单位＿＿＿＿　存放地点＿＿＿＿

年		凭证编号	摘要	借　方（收入）			贷　方（发出）			余　额（结存）		
月	日			数量	单价	千百十万千百十元角分	数量	单价	千百十万千百十元角分	数量	单价	千百十万千百十元角分

明细账

明细科目＿＿＿＿　品名＿＿＿＿　规格＿＿＿＿　计量单位＿＿＿＿　存放地点＿＿＿＿

年		凭证编号	摘要	借　方（收入）			贷　方（发出）			余　额（结存）		
月	日			数量	单价	千百十万千百十元角分	数量	单价	千百十万千百十元角分	数量	单价	千百十万千百十元角分

明细账

明细科目＿＿＿＿＿　品名＿＿＿＿＿　规格＿＿＿＿＿　计量单位＿＿＿＿＿　存放地点＿＿＿＿＿

年		凭证编号	摘要	借　方（收入）			贷　方（发出）			余　额（结存）		
月	日			数量	单价	千百十万千百十元角分	数量	单价	千百十万千百十元角分	数量	单价	千百十万千百十元角分

明细账

明细科目＿＿＿＿＿　品名＿＿＿＿＿　规格＿＿＿＿＿　计量单位＿＿＿＿＿　存放地点＿＿＿＿＿

年		凭证编号	摘要	借　方（收入）			贷　方（发出）			余　额（结存）		
月	日			数量	单价	千百十万千百十元角分	数量	单价	千百十万千百十元角分	数量	单价	千百十万千百十元角分

明细账

明细科目＿＿＿＿＿　　品名＿＿＿＿＿　　规格＿＿＿＿＿　　计量单位＿＿＿＿＿　　存放地点＿＿＿＿＿

年		凭证编号	摘要	借　方（收入）			贷　方（发出）			余　额（结存）		
月	日			数量	单价	千百十万千百十元角分	数量	单价	千百十万千百十元角分	数量	单价	千百十万千百十元角分

明细账

明细科目＿＿＿＿＿　　品名＿＿＿＿＿　　规格＿＿＿＿＿　　计量单位＿＿＿＿＿　　存放地点＿＿＿＿＿

年		凭证编号	摘要	借　方（收入）			贷　方（发出）			余　额（结存）		
月	日			数量	单价	千百十万千百十元角分	数量	单价	千百十万千百十元角分	数量	单价	千百十万千百十元角分

明细账

明细科目＿＿＿＿＿　品名＿＿＿＿＿　规格＿＿＿＿＿　计量单位＿＿＿＿＿　存放地点＿＿＿＿＿

年		凭证编号	摘要	借　方（收入）			贷　方（发出）			余　额（结存）		
月	日			数量	单价	千百十万千百十元角分	数量	单价	千百十万千百十元角分	数量	单价	千百十万千百十元角分

明细账

明细科目＿＿＿＿＿　品名＿＿＿＿＿　规格＿＿＿＿＿　计量单位＿＿＿＿＿　存放地点＿＿＿＿＿

年		凭证编号	摘要	借　方（收入）			贷　方（发出）			余　额（结存）		
月	日			数量	单价	千百十万千百十元角分	数量	单价	千百十万千百十元角分	数量	单价	千百十万千百十元角分

明细账

明细科目____　品名____　规格____　计量单位____　存放地点____

年		凭证编号	摘要	借　方（收入）												贷　方（发出）												余　额（结存）											
月	日			数量	单价	千	百	十	万	千	百	十	元	角	分	数量	单价	千	百	十	万	千	百	十	元	角	分	数量	单价	千	百	十	万	千	百	十	元	角	分

明细账

明细科目____　品名____　规格____　计量单位____　存放地点____

年		凭证编号	摘要	借　方（收入）												贷　方（发出）												余　额（结存）											
月	日			数量	单价	千	百	十	万	千	百	十	元	角	分	数量	单价	千	百	十	万	千	百	十	元	角	分	数量	单价	千	百	十	万	千	百	十	元	角	分

明细账

明细科目＿＿＿＿　品名＿＿＿＿　规格＿＿＿＿　计量单位＿＿＿＿　存放地点＿＿＿＿

年		凭证编号	摘要	借方（收入）			贷方（发出）			余额（结存）		
月	日			数量	单价	千百十万千百十元角分	数量	单价	千百十万千百十元角分	数量	单价	千百十万千百十元角分

明细账

明细科目＿＿＿＿　品名＿＿＿＿　规格＿＿＿＿　计量单位＿＿＿＿　存放地点＿＿＿＿

年		凭证编号	摘要	借方（收入）			贷方（发出）			余额（结存）		
月	日			数量	单价	千百十万千百十元角分	数量	单价	千百十万千百十元角分	数量	单价	千百十万千百十元角分

明细账

明细科目_____ 品名_____ 规格_____ 计量单位_____ 存放地点_____

凭证		摘要	借方（收入）				贷方（发出）				余额（结存）			
年 月 日	编号		数量	单价	千百十万千百十元角分		数量	单价	千百十万千百十元角分		数量	单价	千百十万千百十元角分	

明细账

明细科目_____ 品名_____ 规格_____ 计量单位_____ 存放地点_____

凭证		摘要	借方（收入）				贷方（发出）				余额（结存）			
年 月 日	编号		数量	单价	千百十万千百十元角分		数量	单价	千百十万千百十元角分		数量	单价	千百十万千百十元角分	

明细账

明细科目 _____ 品名 _____ 规格 _____ 计量单位 _____ 存放地点 _____

年		凭证	摘要	借 方（收入）			贷 方（发出）			余 额（结存）		
月	日	编号		数量	单价	金额（千百十万千百十元角分）	数量	单价	金额（千百十万千百十元角分）	数量	单价	金额（千百十万千百十元角分）

明细账

明细科目 _____ 品名 _____ 规格 _____ 计量单位 _____ 存放地点 _____

年		凭证	摘要	借 方（收入）			贷 方（发出）			余 额（结存）		
月	日	编号		数量	单价	金额（千百十万千百十元角分）	数量	单价	金额（千百十万千百十元角分）	数量	单价	金额（千百十万千百十元角分）

明细账

明细科目＿＿＿＿＿ 品名＿＿＿＿＿ 规格＿＿＿＿＿ 计量单位＿＿＿＿＿ 存放地点＿＿＿＿＿

年		凭证	摘	借 方（收入）			贷 方（发出）			余 额（结存）		
月	日	编号	要	数量	单价	千百十万千百十元角分	数量	单价	千百十万千百十元角分	数量	单价	千百十万千百十元角分

明细账

明细科目＿＿＿＿＿ 品名＿＿＿＿＿ 规格＿＿＿＿＿ 计量单位＿＿＿＿＿ 存放地点＿＿＿＿＿

年		凭证	摘	借 方（收入）			贷 方（发出）			余 额（结存）		
月	日	编号	要	数量	单价	千百十万千百十元角分	数量	单价	千百十万千百十元角分	数量	单价	千百十万千百十元角分

明细账

明细科目 _____　　品名 _____　　规格 _____　　计量单位 _____　　存放地点 _____

年		凭证编号	摘要	借方（收入）			贷方（发出）			余额（结存）		
月	日			数量	单价	千百十万千百十元角分	数量	单价	千百十万千百十元角分	数量	单价	千百十万千百十元角分

明细账

明细科目 _____　　品名 _____　　规格 _____　　计量单位 _____　　存放地点 _____

年		凭证编号	摘要	借方（收入）			贷方（发出）			余额（结存）		
月	日			数量	单价	千百十万千百十元角分	数量	单价	千百十万千百十元角分	数量	单价	千百十万千百十元角分

明细账

明细科目＿＿＿＿ 品名＿＿＿＿ 规格＿＿＿＿ 计量单位＿＿＿＿ 存放地点＿＿＿＿

年		凭证编号	摘要	借方（收入）			贷方（发出）			余额（结存）		
月	日			数量	单价	千百十万千百十元角分	数量	单价	千百十万千百十元角分	数量	单价	千百十万千百十元角分

明细账

明细科目＿＿＿＿ 品名＿＿＿＿ 规格＿＿＿＿ 计量单位＿＿＿＿ 存放地点＿＿＿＿

年		凭证编号	摘要	借方（收入）			贷方（发出）			余额（结存）		
月	日			数量	单价	千百十万千百十元角分	数量	单价	千百十万千百十元角分	数量	单价	千百十万千百十元角分

明细账

明细科目＿＿＿　品名＿＿＿　规格＿＿＿　计量单位＿＿＿　存放地点＿＿＿

年		凭证编号	摘要	借方（收入）			贷方（发出）			余额（结存）		
月	日			数量	单价	金额 千百十万千百十元角分	数量	单价	金额 千百十万千百十元角分	数量	单价	金额 千百十万千百十元角分

明细账

明细科目＿＿＿　品名＿＿＿　规格＿＿＿　计量单位＿＿＿　存放地点＿＿＿

年		凭证编号	摘要	借方（收入）			贷方（发出）			余额（结存）		
月	日			数量	单价	金额 千百十万千百十元角分	数量	单价	金额 千百十万千百十元角分	数量	单价	金额 千百十万千百十元角分

明细账

明细科目＿＿＿＿＿＿＿＿ 品名＿＿＿＿＿＿ 规格＿＿＿＿＿＿ 计量单位＿＿＿＿＿＿ 存放地点＿＿＿＿＿＿

年		凭证编号	摘要	借 方（收入）			贷 方（发出）			余 额（结存）		
月	日			数量	单价	千百十万千百十元角分	数量	单价	千百十万千百十元角分	数量	单价	千百十万千百十元角分

明细账

明细科目＿＿＿＿＿＿＿＿ 品名＿＿＿＿＿＿ 规格＿＿＿＿＿＿ 计量单位＿＿＿＿＿＿ 存放地点＿＿＿＿＿＿

年		凭证编号	摘要	借 方（收入）			贷 方（发出）			余 额（结存）		
月	日			数量	单价	千百十万千百十元角分	数量	单价	千百十万千百十元角分	数量	单价	千百十万千百十元角分

明细账

明细科目_____ 品名_____ 规格_____ 计量单位_____ 存放地点_____

年 月	年 日	凭证 编号	摘要	借 方（收入） 数量	单价	千 百 十 万 千 百 十 元 角 分	贷 方（发出） 数量	单价	千 百 十 万 千 百 十 元 角 分	余 额（结存） 数量	单价	千 百 十 万 千 百 十 元 角 分

明细账

明细科目_____ 品名_____ 规格_____ 计量单位_____ 存放地点_____

年 月	年 日	凭证 编号	摘要	借 方（收入） 数量	单价	千 百 十 万 千 百 十 元 角 分	贷 方（发出） 数量	单价	千 百 十 万 千 百 十 元 角 分	余 额（结存） 数量	单价	千 百 十 万 千 百 十 元 角 分

明细账

明细科目 _____

品名 _____　规格 _____　计量单位 _____　存放地点 _____

年		凭证编号	摘要	借方（收入）			贷方（发出）			余额（结存）		
月	日			数量	单价	千百十万千百十元角分	数量	单价	千百十万千百十元角分	数量	单价	千百十万千百十元角分

明细账

明细科目 _____

品名 _____　规格 _____　计量单位 _____　存放地点 _____

年		凭证编号	摘要	借方（收入）			贷方（发出）			余额（结存）		
月	日			数量	单价	千百十万千百十元角分	数量	单价	千百十万千百十元角分	数量	单价	千百十万千百十元角分

明细账

明细科目 _____

品名 _____　　规格 _____　　计量单位 _____　　存放地点 _____

年		凭证编号	摘要	借方（收入）												贷方（发出）												余额（结存）											
月	日			数量	单价	千	百	十	万	千	百	十	元	角	分	数量	单价	千	百	十	万	千	百	十	元	角	分	数量	单价	千	百	十	万	千	百	十	元	角	分

明细账

明细科目 _____

品名 _____　　规格 _____　　计量单位 _____　　存放地点 _____

年		凭证编号	摘要	借方（收入）												贷方（发出）												余额（结存）											
月	日			数量	单价	千	百	十	万	千	百	十	元	角	分	数量	单价	千	百	十	万	千	百	十	元	角	分	数量	单价	千	百	十	万	千	百	十	元	角	分

多栏式明细账封面

明细账

年		凭证编号	摘要	合计																																								
月	日			千	百	十	万	千	百	十	元	角	分	千	百	十	万	千	百	十	元	角	分	千	百	十	万	千	百	十	元	角	分	千	百	十	万	千	百	十	元	角	分

明细账

年		凭证编号	摘要	合计																																								
月	日			千	百	十	万	千	百	十	元	角	分	千	百	十	万	千	百	十	元	角	分	千	百	十	万	千	百	十	元	角	分	千	百	十	万	千	百	十	元	角	分

明细账

年		凭证编号	摘要	合　计																																								
月	日			千	百	十	万	千	百	十	元	角	分	千	百	十	万	千	百	十	元	角	分	千	百	十	万	千	百	十	元	角	分	千	百	十	万	千	百	十	元	角	分

明细账

年		凭证编号	摘要	合　计																																								
月	日			千	百	十	万	千	百	十	元	角	分	千	百	十	万	千	百	十	元	角	分	千	百	十	万	千	百	十	元	角	分	千	百	十	万	千	百	十	元	角	分

明细账

年		凭证编号	摘要	合计																																																				
月	日			千	百	十	万	千	百	十	元	角	分	千	百	十	万	千	百	十	元	角	分	千	百	十	万	千	百	十	元	角	分	千	百	十	万	千	百	十	元	角	分	千	百	十	万	千	百	十	元	角	分	千	百	十	万	千	百	十	元	角	分

明细账

年		凭证编号	摘要	合计																																																				
月	日			千	百	十	万	千	百	十	元	角	分	千	百	十	万	千	百	十	元	角	分	千	百	十	万	千	百	十	元	角	分	千	百	十	万	千	百	十	元	角	分	千	百	十	万	千	百	十	元	角	分	千	百	十	万	千	百	十	元	角	分

明细账

年		凭证编号	摘要	合计																																																								
月	日			千	百	十	万	千	百	十	元	角	分	千	百	十	万	千	百	十	元	角	分	千	百	十	万	千	百	十	元	角	分	千	百	十	万	千	百	十	元	角	分	千	百	十	万	千	百	十	元	角	分	千	百	十	万	千	百	十	元	角	分

明细账

年		凭证编号	摘要	合计																																																								
月	日			千	百	十	万	千	百	十	元	角	分	千	百	十	万	千	百	十	元	角	分	千	百	十	万	千	百	十	元	角	分	千	百	十	万	千	百	十	元	角	分	千	百	十	万	千	百	十	元	角	分	千	百	十	万	千	百	十	元	角	分

明细账

年		凭证编号	摘 要	合 计																																																					
月	日			千	百	十	万	千	百	十	元	角	分	千	百	十	万	千	百	十	元	角	分	千	百	十	万	千	百	十	元	角	分	千	百	十	万	千	百	十	元	角	分	千	百	十	万	千	百	十	元	角	分	千	百	十	元	角	分

明细账

年		凭证编号	摘 要	合 计																																																					
月	日			千	百	十	万	千	百	十	元	角	分	千	百	十	万	千	百	十	元	角	分	千	百	十	万	千	百	十	元	角	分	千	百	十	万	千	百	十	元	角	分	千	百	十	万	千	百	十	元	角	分	千	百	十	元	角	分

明细账

年		凭证编号	摘要	合计																																								
月	日			千	百	十	万	千	百	十	元	角	分	千	百	十	万	千	百	十	元	角	分	千	百	十	万	千	百	十	元	角	分	千	百	十	万	千	百	十	元	角	分

明细账

年		凭证编号	摘要	合计																																								
月	日			千	百	十	万	千	百	十	元	角	分	千	百	十	万	千	百	十	元	角	分	千	百	十	万	千	百	十	元	角	分	千	百	十	万	千	百	十	元	角	分

明细账

年		凭证编号	摘要	合计 千百十万千百十元角分	千百十万千百十元角分	千百十万千百十元角分	千百十万千百十元角分	千百十万千百十元角分	千百十万千百十元角分
月	日								

明细账

年		凭证编号	摘要	合计 千百十万千百十元角分	千百十万千百十元角分	千百十万千百十元角分	千百十万千百十元角分	千百十万千百十元角分	千百十万千百十元角分
月	日								

应交税费（应交增值税）明细账

年		凭证编号	摘要	借方							贷方			
月	日			合计	进项税额	已交税金	减免税款	转出未交增值税	出口抵税
				千百十万千百十元角分	千百十万千百十元角分	千百十万千百十元角分	千百十万千百十元角分	千百十万千百十元角分	千百十万千百十元角分

合 计									贷 方																															借或贷	余 额								
									销项税额									出口退税									进项税额转出									转出多交增值税																		
千	百	十	万	千	百	十	元	角	分	千	百	十	万	千	百	十	元	角	分	千	百	十	万	千	百	十	元	角	分	千	百	十	万	千	百	十	元	角	分	千	百	十	万	千	百	十	元	角	分		千	百	十	万	千	百	十	元	角	分

总分类账封面

总分类账

会计科目名称：

年		凭证编号	摘　要	借　方									√	贷　方									借或贷	余　额								
月	日			千	百	十	万	千	百	十	元	角	分	千	百	十	万	千	百	十	元	角	分		千	百	十	万	千	百	十	元	角	分

总分类账

会计科目名称：

年		凭证编号	摘　要	借　方									√	贷　方									借或贷	余　额								
月	日			千	百	十	万	千	百	十	元	角	分	千	百	十	万	千	百	十	元	角	分		千	百	十	万	千	百	十	元	角	分

总分类账

会计科目名称：

年		凭证编号	摘　要	借　方									√	贷　方									借或贷	余　额								
月	日			千	百	十	万	千	百	十	元	角	分	千	百	十	万	千	百	十	元	角	分		千	百	十	万	千	百	十	元	角	分

总分类账

会计科目名称：

年		凭证编号	摘 要	借 方										√	贷 方										借或贷	余 额									
月	日			千	百	十	万	千	百	十	元	角	分		千	百	十	万	千	百	十	元	角	分		千	百	十	万	千	百	十	元	角	分

总分类账

会计科目名称：

年		凭证编号	摘 要	借 方										√	贷 方										借或贷	余 额									
月	日			千	百	十	万	千	百	十	元	角	分		千	百	十	万	千	百	十	元	角	分		千	百	十	万	千	百	十	元	角	分

总分类账

会计科目名称：

年		凭证编号	摘 要	借 方										√	贷 方										借或贷	余 额									
月	日			千	百	十	万	千	百	十	元	角	分		千	百	十	万	千	百	十	元	角	分		千	百	十	万	千	百	十	元	角	分

总分类账

会计科目名称：

年		凭证编号	摘要	借方									√	贷方									借或贷	余额								
月	日			千	百	十	万	千	百	十	元	角	分	千	百	十	万	千	百	十	元	角	分		千	百	十	万	千	百	十	元	角	分

总分类账

会计科目名称：

年		凭证编号	摘要	借方									√	贷方									借或贷	余额								
月	日			千	百	十	万	千	百	十	元	角	分	千	百	十	万	千	百	十	元	角	分		千	百	十	万	千	百	十	元	角	分

总分类账

会计科目名称：

年		凭证编号	摘要	借方									√	贷方									借或贷	余额								
月	日			千	百	十	万	千	百	十	元	角	分	千	百	十	万	千	百	十	元	角	分		千	百	十	万	千	百	十	元	角	分

总分类账

会计科目名称：

年		凭证编号	摘要	借方										√	贷方										借或贷	余额									
月	日			千	百	十	万	千	百	十	元	角	分		千	百	十	万	千	百	十	元	角	分		千	百	十	万	千	百	十	元	角	分

总分类账

会计科目名称：

年		凭证编号	摘要	借方										√	贷方										借或贷	余额									
月	日			千	百	十	万	千	百	十	元	角	分		千	百	十	万	千	百	十	元	角	分		千	百	十	万	千	百	十	元	角	分

总分类账

会计科目名称：

年		凭证编号	摘要	借方										√	贷方										借或贷	余额									
月	日			千	百	十	万	千	百	十	元	角	分		千	百	十	万	千	百	十	元	角	分		千	百	十	万	千	百	十	元	角	分

总分类账

会计科目名称：

年		凭证编号	摘要	借方									√	贷方									借或贷	余额								
月	日			千	百	十	万	千	百	十	元	角	分	千	百	十	万	千	百	十	元	角	分		千	百	十	万	千	百	十	元	角	分

总分类账

会计科目名称：

年		凭证编号	摘要	借方									√	贷方									借或贷	余额								
月	日			千	百	十	万	千	百	十	元	角	分	千	百	十	万	千	百	十	元	角	分		千	百	十	万	千	百	十	元	角	分

总分类账

会计科目名称：

年		凭证编号	摘要	借方									√	贷方									借或贷	余额								
月	日			千	百	十	万	千	百	十	元	角	分	千	百	十	万	千	百	十	元	角	分		千	百	十	万	千	百	十	元	角	分

总分类账

会计科目名称：

年		凭证编号	摘　要	借　方									√	贷　方									借或贷	余　额								
月	日			千	百	十	万	千	百	十	元	角	分	千	百	十	万	千	百	十	元	角	分		千	百	十	万	千	百	十	元	角	分

总分类账

会计科目名称：

年		凭证编号	摘　要	借　方									√	贷　方									借或贷	余　额								
月	日			千	百	十	万	千	百	十	元	角	分	千	百	十	万	千	百	十	元	角	分		千	百	十	万	千	百	十	元	角	分

总分类账

会计科目名称：

年		凭证编号	摘　要	借　方									√	贷　方									借或贷	余　额								
月	日			千	百	十	万	千	百	十	元	角	分	千	百	十	万	千	百	十	元	角	分		千	百	十	万	千	百	十	元	角	分

总分类账

会计科目名称：

年		凭证编号	摘要	借方									√	贷方									借或贷	余额								
月	日			千	百	十	万	千	百	十	元	角	分		千	百	十	万	千	百	十	元	角	分		千	百	十	万	千	百	十	元	角	分

总分类账

会计科目名称：

年		凭证编号	摘要	借方									√	贷方									借或贷	余额								
月	日			千	百	十	万	千	百	十	元	角	分		千	百	十	万	千	百	十	元	角	分		千	百	十	万	千	百	十	元	角	分

总分类账

会计科目名称：

年		凭证编号	摘要	借方									√	贷方									借或贷	余额								
月	日			千	百	十	万	千	百	十	元	角	分		千	百	十	万	千	百	十	元	角	分		千	百	十	万	千	百	十	元	角	分

总分类账

会计科目名称：

年		凭证编号	摘要	借 方										√	贷 方										借或贷	余 额									
月	日			千	百	十	万	千	百	十	元	角	分		千	百	十	万	千	百	十	元	角	分		千	百	十	万	千	百	十	元	角	分

总分类账

会计科目名称：

年		凭证编号	摘要	借 方										√	贷 方										借或贷	余 额									
月	日			千	百	十	万	千	百	十	元	角	分		千	百	十	万	千	百	十	元	角	分		千	百	十	万	千	百	十	元	角	分

总分类账

会计科目名称：

年		凭证编号	摘要	借 方										√	贷 方										借或贷	余 额									
月	日			千	百	十	万	千	百	十	元	角	分		千	百	十	万	千	百	十	元	角	分		千	百	十	万	千	百	十	元	角	分

总分类账

会计科目名称：

年		凭证编号	摘要	借方									√	贷方									借或贷	余额								
月	日			千	百	十	万	千	百	十	元	角	分		千	百	十	万	千	百	十	元	角	分		千	百	十	万	千	百	十	元	角	分

总分类账

会计科目名称：

年		凭证编号	摘要	借方									√	贷方									借或贷	余额								
月	日			千	百	十	万	千	百	十	元	角	分		千	百	十	万	千	百	十	元	角	分		千	百	十	万	千	百	十	元	角	分

总分类账

会计科目名称：

年		凭证编号	摘要	借方									√	贷方									借或贷	余额								
月	日			千	百	十	万	千	百	十	元	角	分		千	百	十	万	千	百	十	元	角	分		千	百	十	万	千	百	十	元	角	分

总分类账

会计科目名称：

年		凭证编号	摘要	借方									√	贷方									借或贷	余额								
月	日			千	百	十	万	千	百	十	元	角	分	千	百	十	万	千	百	十	元	角	分		千	百	十	万	千	百	十	元	角	分

总分类账

会计科目名称：

年		凭证编号	摘要	借方	√	贷方	借或贷	余额
月	日			千百十万千百十元角分		千百十万千百十元角分		千百十万千百十元角分

总分类账

会计科目名称：

年		凭证编号	摘要	借方	√	贷方	借或贷	余额
月	日			千百十万千百十元角分		千百十万千百十元角分		千百十万千百十元角分

总分类账

会计科目名称：

年		凭证编号	摘要	借方									√	贷方									借或贷	余额								
月	日			千	百	十	万	千	百	十	元	角	分	千	百	十	万	千	百	十	元	角	分		千	百	十	万	千	百	十	元	角	分

总分类账

会计科目名称：

年		凭证编号	摘要	借方									√	贷方									借或贷	余额								
月	日			千	百	十	万	千	百	十	元	角	分	千	百	十	万	千	百	十	元	角	分		千	百	十	万	千	百	十	元	角	分

总分类账

会计科目名称：

年		凭证编号	摘要	借方									√	贷方									借或贷	余额								
月	日			千	百	十	万	千	百	十	元	角	分	千	百	十	万	千	百	十	元	角	分		千	百	十	万	千	百	十	元	角	分

总分类账

会计科目名称：

年		凭证编号	摘要	借　方										√	贷　方										借或贷	余　额									
月	日			千	百	十	万	千	百	十	元	角	分		千	百	十	万	千	百	十	元	角	分		千	百	十	万	千	百	十	元	角	分

总分类账

会计科目名称：

年		凭证编号	摘要	借　方										√	贷　方										借或贷	余　额									
月	日			千	百	十	万	千	百	十	元	角	分		千	百	十	万	千	百	十	元	角	分		千	百	十	万	千	百	十	元	角	分

总分类账

会计科目名称：

年		凭证编号	摘要	借　方										√	贷　方										借或贷	余　额									
月	日			千	百	十	万	千	百	十	元	角	分		千	百	十	万	千	百	十	元	角	分		千	百	十	万	千	百	十	元	角	分

总分类账

会计科目名称：

年		凭证编号	摘要	借方									√	贷方									借或贷	余额								
月	日			千	百	十	万	千	百	十	元	角	分		千	百	十	万	千	百	十	元	角	分		千	百	十	万	千	百	十	元	角	分

总分类账

会计科目名称：

年		凭证编号	摘要	借方									√	贷方									借或贷	余额								
月	日			千	百	十	万	千	百	十	元	角	分		千	百	十	万	千	百	十	元	角	分		千	百	十	万	千	百	十	元	角	分

总分类账

会计科目名称：

年		凭证编号	摘要	借方									√	贷方									借或贷	余额								
月	日			千	百	十	万	千	百	十	元	角	分		千	百	十	万	千	百	十	元	角	分		千	百	十	万	千	百	十	元	角	分

总分类账

会计科目名称：

年		凭证编号	摘要	借　方										√	贷　方										借或贷	余　额									
月	日			千	百	十	万	千	百	十	元	角	分		千	百	十	万	千	百	十	元	角	分		千	百	十	万	千	百	十	元	角	分

总分类账

会计科目名称：

年		凭证编号	摘要	借　方										√	贷　方										借或贷	余　额									
月	日			千	百	十	万	千	百	十	元	角	分		千	百	十	万	千	百	十	元	角	分		千	百	十	万	千	百	十	元	角	分

总分类账

会计科目名称：

年		凭证编号	摘要	借　方										√	贷　方										借或贷	余　额									
月	日			千	百	十	万	千	百	十	元	角	分		千	百	十	万	千	百	十	元	角	分		千	百	十	万	千	百	十	元	角	分

总分类账

会计科目名称：

年		凭证编号	摘要	借方									√	贷方									借或贷	余额								
月	日			千	百	十	万	千	百	十	元	角	分	千	百	十	万	千	百	十	元	角	分		千	百	十	万	千	百	十	元	角	分

总分类账

会计科目名称：

年		凭证编号	摘要	借方									√	贷方									借或贷	余额								
月	日			千	百	十	万	千	百	十	元	角	分	千	百	十	万	千	百	十	元	角	分		千	百	十	万	千	百	十	元	角	分

总分类账

会计科目名称：

年		凭证编号	摘要	借方									√	贷方									借或贷	余额								
月	日			千	百	十	万	千	百	十	元	角	分	千	百	十	万	千	百	十	元	角	分		千	百	十	万	千	百	十	元	角	分

总分类账

会计科目名称：

年		凭证编号	摘要	借方										√	贷方										借或贷	余额									
月	日			千	百	十	万	千	百	十	元	角	分		千	百	十	万	千	百	十	元	角	分		千	百	十	万	千	百	十	元	角	分

总分类账

会计科目名称：

年		凭证编号	摘要	借方										√	贷方										借或贷	余额									
月	日			千	百	十	万	千	百	十	元	角	分		千	百	十	万	千	百	十	元	角	分		千	百	十	万	千	百	十	元	角	分

总分类账

会计科目名称：

年		凭证编号	摘要	借方										√	贷方										借或贷	余额									
月	日			千	百	十	万	千	百	十	元	角	分		千	百	十	万	千	百	十	元	角	分		千	百	十	万	千	百	十	元	角	分

总分类账

会计科目名称：

年		凭证编号	摘要	借方									∨	贷方									借或贷	余额								
月	日			千	百	十	万	千	百	十	元	角	分		千	百	十	万	千	百	十	元	角	分		千	百	十	万	千	百	十	元	角	分

总分类账

会计科目名称：

年		凭证编号	摘要	借方									∨	贷方									借或贷	余额								
月	日			千	百	十	万	千	百	十	元	角	分		千	百	十	万	千	百	十	元	角	分		千	百	十	万	千	百	十	元	角	分

总分类账

会计科目名称：

年		凭证编号	摘要	借方									∨	贷方									借或贷	余额								
月	日			千	百	十	万	千	百	十	元	角	分		千	百	十	万	千	百	十	元	角	分		千	百	十	万	千	百	十	元	角	分

总分类账

会计科目名称：

年		凭证编号	摘 要	借 方										√	贷 方										借或贷	余 额									
月	日			千	百	十	万	千	百	十	元	角	分		千	百	十	万	千	百	十	元	角	分		千	百	十	万	千	百	十	元	角	分

总分类账

会计科目名称：

年		凭证编号	摘 要	借 方										√	贷 方										借或贷	余 额									
月	日			千	百	十	万	千	百	十	元	角	分		千	百	十	万	千	百	十	元	角	分		千	百	十	万	千	百	十	元	角	分

总分类账

会计科目名称：

年		凭证编号	摘 要	借 方										√	贷 方										借或贷	余 额									
月	日			千	百	十	万	千	百	十	元	角	分		千	百	十	万	千	百	十	元	角	分		千	百	十	万	千	百	十	元	角	分

总分类账

会计科目名称：

年		凭证编号	摘要	借方										√	贷方										借或贷	余额									
月	日			千	百	十	万	千	百	十	元	角	分		千	百	十	万	千	百	十	元	角	分		千	百	十	万	千	百	十	元	角	分

总分类账

会计科目名称：

年		凭证编号	摘要	借方										√	贷方										借或贷	余额									
月	日			千	百	十	万	千	百	十	元	角	分		千	百	十	万	千	百	十	元	角	分		千	百	十	万	千	百	十	元	角	分

总分类账

会计科目名称：

年		凭证编号	摘要	借方										√	贷方										借或贷	余额									
月	日			千	百	十	万	千	百	十	元	角	分		千	百	十	万	千	百	十	元	角	分		千	百	十	万	千	百	十	元	角	分

总分类账

会计科目名称：

年		凭证编号	摘要	借方									√	贷方									借或贷	余额								
月	日			千	百	十	万	千	百	十	元	角	分		千	百	十	万	千	百	十	元	角	分		千	百	十	万	千	百	十	元	角	分

总分类账

会计科目名称：

年		凭证编号	摘要	借方									√	贷方									借或贷	余额								
月	日			千	百	十	万	千	百	十	元	角	分		千	百	十	万	千	百	十	元	角	分		千	百	十	万	千	百	十	元	角	分

总分类账

会计科目名称：

年		凭证编号	摘要	借方									√	贷方									借或贷	余额								
月	日			千	百	十	万	千	百	十	元	角	分		千	百	十	万	千	百	十	元	角	分		千	百	十	万	千	百	十	元	角	分

总分类账

会计科目名称：

年		凭证编号	摘　要	借　方										√	贷　方										借或贷	余　额									
月	日			千	百	十	万	千	百	十	元	角	分		千	百	十	万	千	百	十	元	角	分		千	百	十	万	千	百	十	元	角	分

总分类账

会计科目名称：

年		凭证编号	摘　要	借　方										√	贷　方										借或贷	余　额									
月	日			千	百	十	万	千	百	十	元	角	分		千	百	十	万	千	百	十	元	角	分		千	百	十	万	千	百	十	元	角	分

总分类账

会计科目名称：

年		凭证编号	摘　要	借　方										√	贷　方										借或贷	余　额									
月	日			千	百	十	万	千	百	十	元	角	分		千	百	十	万	千	百	十	元	角	分		千	百	十	万	千	百	十	元	角	分

总分类账

会计科目名称：

年		凭证编号	摘要	借　方									√	贷　方									借或贷	余　额								
月	日			千	百	十	万	千	百	十	元	角	分	千	百	十	万	千	百	十	元	角	分		千	百	十	万	千	百	十	元	角	分

总分类账

会计科目名称：

年		凭证编号	摘要	借　方									√	贷　方									借或贷	余　额								
月	日			千	百	十	万	千	百	十	元	角	分	千	百	十	万	千	百	十	元	角	分		千	百	十	万	千	百	十	元	角	分

总分类账

会计科目名称：

年		凭证编号	摘要	借　方									√	贷　方									借或贷	余　额								
月	日			千	百	十	万	千	百	十	元	角	分	千	百	十	万	千	百	十	元	角	分		千	百	十	万	千	百	十	元	角	分

总分类账

会计科目名称：

年		凭证编号	摘要	借方									√	贷方									借或贷	余额								
月	日			千	百	十	万	千	百	十	元	角	分	千	百	十	万	千	百	十	元	角	分		千	百	十	万	千	百	十	元	角	分

总分类账

会计科目名称：

年		凭证编号	摘要	借方	√	贷方	借或贷	余额

总分类账

会计科目名称：

年		凭证编号	摘要	借方	√	贷方	借或贷	余额

总分类账

会计科目名称：

年		凭证编号	摘要	借方										√	贷方										借或贷	余额									
月	日			千	百	十	万	千	百	十	元	角	分		千	百	十	万	千	百	十	元	角	分		千	百	十	万	千	百	十	元	角	分

总分类账

会计科目名称：

年		凭证编号	摘要	借方										√	贷方										借或贷	余额									
月	日			千	百	十	万	千	百	十	元	角	分		千	百	十	万	千	百	十	元	角	分		千	百	十	万	千	百	十	元	角	分

总分类账

会计科目名称：

年		凭证编号	摘要	借方										√	贷方										借或贷	余额									
月	日			千	百	十	万	千	百	十	元	角	分		千	百	十	万	千	百	十	元	角	分		千	百	十	万	千	百	十	元	角	分

总分类账

会计科目名称：

年		凭证编号	摘要	借方									✓	贷方									借或贷	余额								
月	日			千	百	十	万	千	百	十	元	角	分	千	百	十	万	千	百	十	元	角	分		千	百	十	万	千	百	十	元	角	分

总分类账

会计科目名称：

年		凭证编号	摘要	借方									✓	贷方									借或贷	余额								
月	日			千	百	十	万	千	百	十	元	角	分	千	百	十	万	千	百	十	元	角	分		千	百	十	万	千	百	十	元	角	分

总分类账

会计科目名称：

年		凭证编号	摘要	借方									✓	贷方									借或贷	余额								
月	日			千	百	十	万	千	百	十	元	角	分	千	百	十	万	千	百	十	元	角	分		千	百	十	万	千	百	十	元	角	分

总分类账

会计科目名称：

年		凭证编号	摘 要	借 方										√	贷 方										借或贷	余 额									
月	日			千	百	十	万	千	百	十	元	角	分		千	百	十	万	千	百	十	元	角	分		千	百	十	万	千	百	十	元	角	分

总分类账

会计科目名称：

年		凭证编号	摘 要	借 方										√	贷 方										借或贷	余 额									
月	日			千	百	十	万	千	百	十	元	角	分		千	百	十	万	千	百	十	元	角	分		千	百	十	万	千	百	十	元	角	分

总分类账

会计科目名称：

年		凭证编号	摘 要	借 方										√	贷 方										借或贷	余 额									
月	日			千	百	十	万	千	百	十	元	角	分		千	百	十	万	千	百	十	元	角	分		千	百	十	万	千	百	十	元	角	分

总分类账

会计科目名称：

年		凭证编号	摘要	借方										√	贷方										借或贷	余额									
月	日			千	百	十	万	千	百	十	元	角	分		千	百	十	万	千	百	十	元	角	分		千	百	十	万	千	百	十	元	角	分

总分类账

会计科目名称：

年		凭证编号	摘要	借方										√	贷方										借或贷	余额									
月	日			千	百	十	万	千	百	十	元	角	分		千	百	十	万	千	百	十	元	角	分		千	百	十	万	千	百	十	元	角	分

总分类账

会计科目名称：

年		凭证编号	摘要	借方										√	贷方										借或贷	余额									
月	日			千	百	十	万	千	百	十	元	角	分		千	百	十	万	千	百	十	元	角	分		千	百	十	万	千	百	十	元	角	分

总分类账

会计科目名称：

年		凭证编号	摘　要	借　方										√	贷　方										借或贷	余　额									
月	日			千	百	十	万	千	百	十	元	角	分		千	百	十	万	千	百	十	元	角	分		千	百	十	万	千	百	十	元	角	分

总分类账

会计科目名称：

年		凭证编号	摘　要	借　方										√	贷　方										借或贷	余　额									
月	日			千	百	十	万	千	百	十	元	角	分		千	百	十	万	千	百	十	元	角	分		千	百	十	万	千	百	十	元	角	分

总分类账

会计科目名称：

年		凭证编号	摘　要	借　方										√	贷　方										借或贷	余　额									
月	日			千	百	十	万	千	百	十	元	角	分		千	百	十	万	千	百	十	元	角	分		千	百	十	万	千	百	十	元	角	分

总分类账

会计科目名称：

年		凭证编号	摘 要	借 方										√	贷 方										借或贷	余 额									
月	日			千	百	十	万	千	百	十	元	角	分		千	百	十	万	千	百	十	元	角	分		千	百	十	万	千	百	十	元	角	分

总分类账

会计科目名称：

年		凭证编号	摘 要	借 方										√	贷 方										借或贷	余 额									
月	日			千	百	十	万	千	百	十	元	角	分		千	百	十	万	千	百	十	元	角	分		千	百	十	万	千	百	十	元	角	分

总分类账

会计科目名称：

年		凭证编号	摘 要	借 方										√	贷 方										借或贷	余 额									
月	日			千	百	十	万	千	百	十	元	角	分		千	百	十	万	千	百	十	元	角	分		千	百	十	万	千	百	十	元	角	分

总分类账

会计科目名称：

年		凭证编号	摘要	借方										√	贷方										借或贷	余额									
月	日			千	百	十	万	千	百	十	元	角	分		千	百	十	万	千	百	十	元	角	分		千	百	十	万	千	百	十	元	角	分

总分类账

会计科目名称：

年		凭证编号	摘要	借方										√	贷方										借或贷	余额									
月	日			千	百	十	万	千	百	十	元	角	分		千	百	十	万	千	百	十	元	角	分		千	百	十	万	千	百	十	元	角	分

总分类账

会计科目名称：

年		凭证编号	摘要	借方										√	贷方										借或贷	余额									
月	日			千	百	十	万	千	百	十	元	角	分		千	百	十	万	千	百	十	元	角	分		千	百	十	万	千	百	十	元	角	分

总分类账

会计科目名称：

年		凭证编号	摘　要	借　方										√	贷　方										借或贷	余　额									
月	日			千	百	十	万	千	百	十	元	角	分		千	百	十	万	千	百	十	元	角	分		千	百	十	万	千	百	十	元	角	分